与孩子沟通的艺术

邹舟 赵健 ◎ 主编

陕西新华出版
太白文艺出版社·西安

图书在版编目（CIP）数据

与孩子沟通的艺术 / 邹舟，赵健主编. -- 西安：太白文艺出版社，2010.1（2024.5重印）
ISBN 978-7-80680-798-9

Ⅰ.①与… Ⅱ.①邹… ②赵… Ⅲ.①家庭教育 Ⅳ.①G78

中国版本图书馆CIP数据核字(2010)第008988号

与孩子沟通的艺术
YU HAIZI GOUTONG DE YISHU

主　　编	邹　舟　赵　健
责任编辑	王大伟　荆红娟　姚亚丽
封面设计	梁　宇
版式设计	刘兴福
出版发行	太白文艺出版社
经　　销	新华书店
印　　刷	三河市嵩川印刷有限公司
开　　本	700mm×960mm　1/16
字　　数	200千字
印　　张	13
版　　次	2010年1月第1版
印　　次	2024年5月第6次印刷
书　　号	ISBN 978-7-80680-798-9
定　　价	49.80元

版权所有　翻印必究
如有印装质量问题，可寄出版社印制部调换
联系电话：029-81206800
出版社地址：西安市曲江新区登高路1388号（邮编：710061）
营销中心电话：029-87277748　029-87217872

前　言

很多父母的观念里存在着这样一个误区,他们觉得和孩子交流起来应该很简单,但是,实际情况是,他们一不小心就用了错误的沟通方式,使孩子本应该敞开的心永远地关闭了。

不少父母有这样的苦恼:孩子读书了,年级越高,父母与孩子的共同语言反而越来越少了,最后只剩下"功课写了没?""该吃饭了!""该睡觉了!"等。

日本著名的教育家多湖辉曾多次提醒:做一个负责的父母,千万要以身作则,用好的言传身教给孩子积极的态度,说话与沟通方式都会潜移默化地对孩子产生深远的影响。

当一个孩子不懂得与人沟通,人际关系出现问题,其深层的因素,往往可以归咎于父母未能传达一种好的沟通方式给孩子。我们完全可以推断,孩子的父母一定也无法与孩子好好沟通,两者在生活中绝对有严重的亲子冲突。

确实如此,现在的孩子不少错误的说话方式,多数来自错误的家庭沟通模式。而要彻底改变孩子的问题,唯有从父母做起,从改变父母的沟通做起。

因此我们希望,将这套行之有效的沟通方法,以一种轻松有趣的方式来告诉各位父母,期望父母以此能够改变与孩子的不良关系。无数事实的证明让我们有理由相信,只要掌握这一套有效沟通方法,孩子自然可以变得开朗、自信、优秀。

CONTENTS
目　　录

第一章　注意倾听孩子的声音

父母为什么要倾听 /2

怎样做到倾听 /3

要孩子说出真心话 /7

不要打断孩子诉说 /11

把握倾听的时机 /14

孩子的肢体语言和潜台词 /15

反应性倾听效果好 /17

倾听要多听少说 /19

第二章　沟通由"心"开始

父母主动打开心扉 /22
放下家长的架子 /23
别伤了孩子的自尊心 /25
从孩子的角度想问题 /27
给孩子应有的尊重 /30
没有秘密的孩子长不大 /32
允许孩子犯错和失败 /34
父母适时自我反省 /36

第三章　与孩子沟通的语言艺术

不要使用语言暴力 /40
赞美孩子要有技巧 /43
勇于向孩子道歉 /45
拜孩子为师 /49
用谅解感化孩子 /51
不妨幽他一默 /54
批评孩子的艺术 /56

第四章 创造良好的沟通环境

营造和谐的家庭氛围 /60
给孩子发言的机会 /64
呼唤平等民主的家庭关系 /67
创造利于成长学习的环境 /70
允许孩子与自己辩论 /73
与孩子沟通时注意语气 /76
不讲老师的坏话 /78
让孩子感觉到尊重 /80

第五章 沟通要注意细节

父母保持良好的形象 /88
承诺要兑现 /94
把握沟通的最佳时机 /97
眼神,最坚定的交流 /98
微笑,最美丽的语言 /102
抚摸,最温柔的安慰 /105
拥抱,最深情的爱意 /108
沉默,最有力的鞭笞 /111
亲子沟通的其他细节 /114

第六章　提高孩子的沟通素质

健康的心理是沟通的基础 /118

好个性才有好沟通 /119

提高语言沟通能力 /123

鼓励孩子真实表达自己 /125

训练幽默感 /127

让孩子不对父母依附 /131

让孩子有自己的圈子 /133

获得友谊的方法 /137

第七章　特殊问题的沟通方式

厌学问题 /140

"代沟" /141

孩子说谎话 /146

学生早恋 /149

性教育问题 /153

第八章　缓解和避免与孩子的冲突

怎样处理孩子的"非暴力不合作" /158
避免易产生冲突的字眼 /161
忽略孩子不适当的行为 /163
让孩子分心做其他事 /165
善用幽默调和僵局 /166
不同的年龄设定适当的限制 /168

第九章　不良沟通害处多

强迫，会事与愿违 /174
不要盲目责怪孩子 /176
吼叫让事情更糟 /180
溺爱孩子没道理 /183

第十章　如何与青春期的孩子沟通

了解青春期孩子的特点 /188
不对青春期抱有成见 /191
父母言行要得当 /193
理性对待"偶像"崇拜 /195

第一章

注意倾听孩子的声音

父母为什么要倾听

有一次,美国知名主持人林克莱特访问一名小朋友,问他:"长大后想要当什么?"小朋友天真地回答:"嗯……我要当飞机的驾驶员!"林克莱特接着问:"如果有一天,你的飞机飞到太平洋上空所有引擎都灭了,你会怎么办?"小朋友想了想:"我会先告诉坐在飞机上的人绑好安全带,然后我挂上我的降落伞跳出去。"当在现场的观众笑得东倒西歪时,林克莱特继续注视着这孩子,想看他是不是自作聪明的家伙。没想到,接着孩子的两行热泪盈眶而出,这才使林克莱特发觉这孩子的答案远非如此简单。于是林克莱特问他说:"为什么要这么做?"小孩的答案透露出一个孩子真挚的想法:"我要去拿燃料,我还要回来!我还要回来!"

这个故事告诉我们,不倾听孩子,就会导致沟通不畅,以致很可能会让孩子的心灵受到伤害,影响到孩子的成长。

倾听,是和孩子进行有效沟通的前提。"倾听"可以给孩子以积极的心理暗示,因为倾听对孩子来说是在表示尊敬,表达关心,这也促使孩子去认识自己和自己的能力。如果孩子感到,他能够自由地对任何事物提出自己的意见,而他的认识又没有受到轻视,父母欢迎孩子的任何想法,尽管有时可能是错误的。这种体验有助于孩子勇往直前,对什么事情都问个为什么,怎么会是这样?这可以使他毫不迟疑、无所顾忌地发表自己的意见,先是在家里,然后在学校,将来就可以在工作上、社会中自信勇敢地正视和处理各种事情。

不能做到倾听,也就无从知道孩子的心里究竟在想什么,连孩子想什么都不知道,根本谈不上沟通。

倾听是一种艺术,也是一种学问,与孩子进行沟通之前我们首先要倾

听对方的意见与看法,认真地倾听和了解孩子心中的真正想法,多方面综合地观察各种不同的见解后再提出自己的意见,这样做不但可以达到沟通的目的,孩子也容易对你的沟通方式产生好印象,接受你所说的话语和观点,拉近彼此间的距离。

如果你每一天都和孩子们在一起,你的每一分钟都在倾听他们的诉说,那会是个很有趣的过程,你能从中获得很多让你惊异、让你深思的东西。这些东西在你们今后的沟通中起着不容忽视的作用。

与孩子们沟通的话题很多,孩子一天到晚都会讲个不停,父母应该时常反省有没有真正听一听、悟一悟。聪明的父母就很注意倾听,所以他们知道了孩子心里想什么,沟通也因此变得更容易。

不知道该怎样倾听,也就不知道孩子究竟在想些什么,也就无法与孩子有效的沟通。作为父母,如果你想将自己的孩子培育成有用的人才,如果你重视和孩子的沟通,你就必须从学会倾听开始。

怎样做到倾听

很多家长以为倾听很简单,很容易就能做到。其实完全不是这样,要做

到让孩子满意的倾听,父母一定要遵循一定的规律。

首先,父母要用心。

父母要做个有修养的听众,要肯花时间,有耐性,用心走进孩子的世界,积极发现孩子的优点,然后对孩子的优点进行发自内心的赞扬。鼓励孩子,尝试着不去批评孩子,只要父母能够耐心地这样去做,了解关怀孩子,孩子就会很乐意和父母在一起,如此,拥有一个心理健康的孩子并非梦想,孩子也能比较顺利迈向成功之路。

孩子通常比较渴望得到生活中重要人物的爱护与肯定,这通常包括父母、师长等。父母要从小了解孩子的内心需要,要倾听孩子说话,如果父母只顾自己的感情需要,而不顾及孩子的心理需要,孩子就感到很孤独。仔细倾听孩子的诉说并回答孩子的问题以便加深亲子关系,加强孩子的信赖和安全感。注意孩子讲话的内容,并表达父母的理解和同情,不要对孩子的感情或意见武断地表示否定的态度。同时,要公正地评价孩子,有一些父母喜欢这样说:"你总是忘记……""你看看邻居家的孩子……"等等。孩子也希望父母不要当着他们同伴的面说自己的不足,如果确实要受到批评,最好私下悄悄地进行。

其次,让孩子感觉到被关注。

关注是倾听中的一个重要环节,它能使孩子从父母那儿获得亲切与安全的信息。所谓关注,是指父母通过自己的行为与语言,给孩子一个"我正在专心听你的诉说"的信息。

孩子也有自尊心，希望别人能重视自己，希望与在乎自己的人进行交流与交往。如果只有孩子单方面的交流愿望，那就不就成了"单相思"吗？这样沟通就很难进行下去。因此，倾听的一个重要步骤就是关注。

关注技术分两类，一类是体态语言，一类是口头语言。

1. 体态语言

体态语言就是通过人的面部表情、眼睛、手、脚以及身体的动作、姿态，传达某种情感的不言之语。如在舞台上，好的演员会用许多体态语言表达自己的情感，一举手、一投足、一个转身都表达了丰富的内心情感。在倾听孩子的诉说时，父母可以用许多体态语言对孩子表示关注。如：

◎让孩子坐下，自己也靠近孩子坐下。空间距离中包含着心理距离，心理距离与空间距离成正比，空间距离越大，心理距离也越大；相反，空间距离越小，心理距离也越小。

◎父母坐的时候要使自己的身体前倾，不要后仰。前倾表示重视孩子的讲话，后仰则显示出对孩子的一种不在乎。

◎父母的表情要与孩子"同频共振"，也就是说，要与孩子的情感相吻合。如果孩子当时非常痛苦，父母要有沉重的表情；如果孩子很高兴，父母也要流露出愉快的神情。

◎如果孩子说到伤心处，有时会痛哭，这时，父母最好的做法是递过手绢、纸巾，或为孩子拭泪，但不要阻止。因为哭也是一种宣泄，有利于身心健康。递上手绢或纸巾是对孩子哭的行为的一种支持。

◎将孩子抱在怀里，抚摸他的头发、脸颊、肩膀，亲亲孩子。在孩子很小的时候，父母很乐于表达亲昵的行为，其实孩子长大后，也需要温暖的身体接触，这可令孩子切身体会父母的关怀。

2. 口头语言

父母还可用口头语言来表示关注，如"嗯""噢""我知道了"之类的话语，表示自己正在专心地关注孩子讲话。如果父母只顾听孩子说，而不用自己的声音传递关注，会引起孩子的误会，以为父母在想别的问题，没有在倾听他说话。当然父母的口头语言要简洁、清晰、合情。如孩子在觉得委屈时，父母却只是一味地告诉他"没关系，坚强一点""这没什么好难过的"，会让

孩子觉得父母一点都不能体会他的感受。若父母说："你很难过,我要是你也会有这种感受的。"相信会有截然不同的效果。

在对孩子用语时,低声细语能让孩子感到与父母处在平等的地位上。孩子的情绪极易受外界环境的影响而发生变化,高声训斥会使孩子因受到突然袭击而惊慌失措,精神处于高度紧张状态,甚至引起反感,反而听不进你的话。常用温和亲切的低声调来与孩子对话,还可以增强孩子对父母的信任感,增强孩子与父母进行交流的自信心,并能增进孩子和父母间的关系。

3. 沟通需要父母的耐心

父母在与孩子交谈时,要耐心倾听他们的每一句话。要知道,孩子希望父母与他一起分享成长中的感受。父母一定要记得,如果你与孩子交谈时,露出似听非听、爱理不理的神态,再小的孩子也会用手捧着你的脸,要你注意听他讲话,大一点的孩子甚至会说:"你看着我说话好吗?"孩子的做法实际上告诉我们:他希望父母专心听他说话,以表示父母对这样的谈话是重视的,是把他当作一个平等的人来看待的。

要孩子有所成就,父母首先要耐心了解他的心思,才能帮助他。父母应该说是世界上最了解自己孩子的人,但事实上并不尽然。

父母应该首先营造耐心倾听的氛围,赢得孩子情感上的信任,才能与孩子达到无拘无束交流的默契。记住,不要还没有听完孩子所讲的整个过程的来龙去脉,就妄下结论。如孩子告诉你,他今天被老师批评了,你马上就来一句"一定是你上课不认真听,犯错了",久而久之,孩子就会与你没话好说了。只有当你耐心倾听孩子的话,知道孩子的许多经历后,才会获得正确引导孩子的机会。

我们经常看到孩子兴冲冲想跟父母谈一些事情,但父母都总是忙着做其他的事,叫孩子等会儿再说;或者孩子诉说一件委屈的事,没想到父母一听就发火、责骂,根本不去了解真正的缘由,久而久之,亲子之间的沟通就会发生问题。

在成年人的世界里,有一种特别受大家欢迎的人,他们在听对方谈话时,无论对方的地位怎样,总是细心、耐心、专注地倾听,说者自然也就感觉

畅快淋漓,受到重视。

我们也曾这样耐心地对待过我们的孩子吗?每当孩子主动要向你倾诉,你可曾放下手中的工作,让他畅所欲言,把心中的郁闷宣泄出来。有时只是一时想不开,过度地焦虑;有时真希望有人为他分担一些痛苦。这时候,他也许会对父母吐露心事,希望得到你的支持和鼓励。亲子之间如果能彼此倾诉,经常恳谈,问题会少得多。

如果孩子说话得不到父母的重视,他们只能把自己的秘密埋藏在心里,做父母的就很难知道孩子的所思所想,这样对孩子的教育就会无的放矢,无所适从。如果孩子的说话权得不到父母的尊重,久而久之,孩子就会与父母产生对抗情绪,以致双方相互不信任,沟通困难。一份调查显示:70%~80%的孩子心理卫生问题和家庭有关,特别是与父母对孩子的教养和交流沟通方式不当有关。如果父母不让孩子把话说完,一方面不利于孩子表达能力的提高,另一方面使孩子产生自卑情绪。孩子对着父母诉说内心的感受,是提高表达能力、增强社会交往能力的极好机会;将孩子的这一机会剥夺,孩子的表达能力得不到提高,在社会交往中就会出现表达困难,进而产生自卑情绪。而一个缺乏自信的人,很难谈得上心理健康,更难成为一个成功的人。

孩子虽小,但他们也有独立的人格尊严,他们有表达内心感受、阐述自己看法的自由。父母应耐心地让孩子把话说完,孩子说得有理,应该赞赏;孩子说得不合理,可以进一步交换意见,直至解开孩子心中的疙瘩为止。只有这样,才能为进一步的沟通打下基础。

要孩子说出真心话

让孩子成才,几乎是每一个家长的愿望。只有了解孩子了,才能帮助孩

子的成长,为其矫枉过正。在孩子的成长过程中,父母既要做老师,更要成为孩子的朋友。只有深入交流,才可以让孩子在家长面前说出心里话,才可以解决孩子的成长问题。

一般情况下,当孩子还处于小学阶段时,因为没有完整的人生观和独立思维能力,很容易接受大人们所持的观点。但当孩子进入初中、高中时,虽然他们的思维、世界观和人生观还很幼稚,但他们已经开始用自己的思维方式看待问题了。

此时,当孩子再向家长倾诉心声时,家长如用长者身份,外加强硬语气,将孩子的想法完全否定,那么孩子的独立人格就会受到伤害,久而久之,孩子就不再对父母倾诉心声,而是对父母敬而远之。父母应该知道,没有人愿意和一个总是反对自己意见的人说心里话的。

要想与孩子真心交流,引导孩子说出真心话,身为家长,就更要有诚心和耐心,要尊重孩子,多鼓励、多引导,不管是学校、老师、同学之间的事情,还是家长里短,都应该做到让孩子把它们从自己的内心当中倾诉出来,家长在这一过程当中就应该做到学会倾听,千万不要打断,否则,不仅会失去一次甚至永远得不到与孩子真心交流的机会。

首先,父母应多鼓励孩子,让孩子积累信心。

在各方面要比别人家的孩子强,这仅仅是父母的一种愿望。在现实生活中,这种愿望常常是不以人的意志为转移的。当孩子在成长过程中,遇到困难时,父母怎样看待自己的孩子?在我们身边做父母的时常会出现这种现象:不是简单地、粗暴地指责孩子,就是"棍棒"教育,让孩子的情感处于

一种压抑或困惑状态。

孩子不敢与父母交流,心中有话藏在心里,久而久之,孩子的性格变得内向、孤僻,心理的不健康因素也随之累积。如果我们做父母的在孩子处在困难或不顺时,换一个视角去帮一下孩子,把指责转换成欣赏孩子的某个方面,把棍棒改为用真情去引导,孩子的内心世界将会出现一片阳光。

美国心理学家丝雷说:"称赞对鼓励人类灵魂而言,就像阳光一样,没有它,我们就无法成长开花。"孩子的成长又何尝不是这样呢?在与孩子沟通时,一位孩子的母亲遇到这样一件事:总觉得自己的孩子没有邻居家的孩子好,一天就对孩子说:咱们隔壁家的孩子多好!然而自己的孩子却不服气地说:她有什么好?这位母亲在听了此话之后,大为震惊,之后便接过孩子的话茬儿说:是啊!你不比别人差,可是你要拿出自己的本领,让周围的人都佩服你。由此,身为父母,不禁感到:自己的教育方法欠妥,教育自己的孩子,为什么不从孩子自身角度出发,去挖掘孩子的优点呢?

如果我们身为父母都能够做到经常性地去称赞孩子的点滴进步,欣赏他每一步的成长足迹,这对孩子有多么大的鼓舞呀!以孩子为本,以孩子的发展为着眼点,与孩子并肩同步,共同探讨怎样做人的道理。在这位母亲的启发、引导下,孩子的是非观念、为人处世、乐于助人、有一颗善良的心的心理品德逐渐形成,以至塑造孩子的健康人格。书信的方式与孩子沟通可以起到良好的效果。有位母亲在书信中如此激励孩子,她送给孩子一首印度诗歌:把一个信念播种下去,就会产生信心;把一个心态播种下去,就会产生行为;把一个行为播种下去,就会产生习惯;把一个习惯播种下去,就会产生性格。性格决定命运。孩子也终于在这样自然、真情的感召下,和妈妈谈起了心底话。

其次,父母要平等对待孩子,尊重孩子的思想。

在一个家庭当中,孩子也是家庭中的重要一员。首先,父母要在情感上与孩子平等。家庭中的事情要让孩子知道,并征求孩子的意见,包括家庭中需要购买的物品,甚至日常生活的东西都与孩子进行商量;有时也和孩子一起去购物,不亦乐乎。这些虽是小事,却体现出父母尊重孩子。很多优秀的父母都认为:尊重孩子还必须在思想上体现出来。一些家庭经常会围绕

一场球赛、一部电视剧或一场演唱会的节目内容展开讨论,有意地让孩子发表意见或看法,看看孩子的观点,然后,因势利导地启发孩子,点播他的思想火花。让孩子从小具有自己的思想观点,学会分析问题、解决问题的方法,从而懂得如何处事,这实质上也是培养孩子情感的一种具体做法。

另外,做父母的应当从孩子喜欢的事物中去培养孩子的理性思考。父母也要把自己的思想观点完全亮出来,让孩子从父母的思想观点中去真正领悟一些未知的东西。比如可以询问孩子这样一个问题:这次世界杯为什么我们连一个球都没有进?让孩子充分地想,尽情地说。最后,紧紧抓住球艺与人文底蕴的关系,告诉孩子踢球只是一个外在表现,球员的内在文化素养与知识底蕴是灵魂;人格,志向,凝聚力,这都决定了球艺的高低,同时也反映了一个人的品位高低。从世界杯的比赛说明球艺与人品的重要性。从而在平时的交谈中,父母与孩子之间的沟通更加富有民主性、情感性与生活性,以便给家庭营造出一种宽松愉悦的氛围,这样更有利于孩子的身心健康。

最后,父母要合理要求孩子,不压制孩子情感世界的发展。

每一个家庭都会遇到孩子的学习问题,父母都希望孩子各门功课都好,都得高分。然而,事情也不是那么简单。有时候,父母也会因为孩子学业成绩的忽高忽低而感到无比困惑,每一次测验最好全班第一,特别是在高年级,分数对学生来说也是至关重要的,不能掉以轻心。在孩子取得高分时,父母要激励孩子不断向前,不能以此而感到满足;当孩子没有取得好分数时,父母也不能训斥孩子,应当帮助孩子找出原因,想办法助孩子一臂之力,克服困难。每当孩子在学习上取得的成绩不够理想的时候,父母要想办法鼓励孩子,败不馁,要经得起考验。经常对孩子说:学习知识的过程就是培养一个人的奋斗精神、进取精神,事事如意,实属不易的过程。学习上取得了理想的成绩,当然是一件令人高兴的事,然而这只是孩子成长过程中的一部分,并不代表孩子的全部,最重要的是在学习过程中,培养孩子的志向与意志,构成孩子具有健康向上的人格质量,让孩子懂得追求是人生境界的动力。

同时,家长也不能因为孩子学习成绩不好而斥责孩子,影响孩子的成

长，更不能扼杀孩子的情感世界。面对孩子在学习上所遇到的一切情况，身为家长只能尊重事实，化激励为动力，不断焕发孩子的进取精神，让孩子在学生时代经历各种考验，让孩子变得成熟起来，成长得更健全，无论是学习，还是思想、情感都得到和谐发展，这是今天家长与孩子沟通的重要性。这是时代的呼唤，也是家长一种社会责任感的体现。因此，家长必须在日常生活中，有意识地与孩子沟通，让孩子沐浴在爱的阳光下，迅速成人、成才，成为社会有用之人。

不要打断孩子诉说

很多家长也许已经意识到了应该听听孩子的话，但在实际生活中却总是显得那么没有耐心，特别是当自己有事在身或者觉得孩子的话没有什么意义的时候，总是在孩子还没把话说完或是只开了一个头的时候，就简单而粗暴地将孩子的话打断，并用不耐烦的语气说："好了，好了，妈妈知道了。"假如一个孩子放学后很晚才回家，孩子刚要解释，心焦的父母便开口喝道："我不要听出了什么事！"这种反应破坏了双方的沟通气氛，更严重的是令孩子的自尊心受到了打击。正确的方法是告诉他父母如何为他操心："我们又担心又害怕。"然后让他说明一切，也许孩子有可以谅解的理由呢。

所以，我们常常听到有些父母叹息说道："孩子有什么话也不跟我说，我说什么孩子也不入耳。"孩子也抱怨说："父母什么事都不跟我们讲明白。父母光说自己想说的话，可我想说的话，父母都不听。"

孩子喜欢对家长说话，是对家长的信任，这很可贵。只要可能，家长千万不要打断孩子的话或者表示厌烦，因为，这么一来，孩子比较脆弱的自尊心就会遭到伤害，弄不好，还会从此向你关闭敞开的心扉，实行自我封闭，这样下去，后果将不堪设想。

久而久之，孩子会养成说半截话的习惯。孩子想说的大多是自己的要求或感受，尤其是他感到好玩的或害怕的事，但父母往往忽视这类问题，不注意听完孩子所说的完整的话语。长期如此发展下去的话，就会挫伤孩子说话的积极性。

有时候，孩子在学校内、外遇到不愉快的事情，一时又找不到可以信任的人诉说，只好独自闷在肚子里，待回到家再向家长倾诉。孩子这么做，无非有两个目的：一是孩子在倾诉过程中，不满的情绪获得充分的宣泄，从而使身心恢复到常态；二是孩子的一番倾诉是为了寻求解决问题的良策。对于前者，家长自然不必多话，只需坐下来热心关注即可。对于后者，家长就得认真思索一番，调动积累，以便用自己比较丰富的人生经验去指导孩子如何解决问题。

因为，孩子的倾诉欲通常都比较强烈，他们喜欢说各种各样的新鲜事来引起家长的关注。而家长却往往没有耐心，没有兴趣听孩子的诉说，随随便便就打断孩子的倾诉，结果孩子就逐渐失去了向家长倾诉的热情，一些孩子还容易因此形成孤僻的性格。

明仁是某小学四年级的学生，最近，老师发现，明仁变了，以前活泼开朗、上课积极发言的他，现在变得沉默寡言，总是一个人发呆，学习成绩也下降了。老师经过细心的了解和与明仁耐心的谈话，才知道了明仁变化的原因。

明仁以前特别爱说话，每天放学回家后，都会把学校发生的趣事说给

父母听,可明仁的父亲是位工人,没什么文化,他把全部希望都寄托在明仁身上,希望明仁将来能考上大学,出人头地,因此,对明仁的学习抓得特别紧。他觉得明仁说这些话都没用,纯粹是浪费时间,因此明仁说话时,父亲总是会打断他:"别说了,光说废话,一点用也没有,你把这些心思放在学习上多好,快去做作业!"一次明仁说班里发生的一件事,正说得兴高采烈时,父亲说:"说了你多少次了,别谈这些废话,你还说,再记不住,看我不打你!"吓得明仁一个字也不敢说,回到自己房间里去了。

明仁以前也特别爱提问题,总爱问个"为什么",开始时,父亲还回答,后来明仁问得多了,父亲不耐烦了,"别问了,就你么多事,问那么多干吗?去,学习去!"父亲把眼一瞪,明仁不敢再说了,因为他知道父亲脾气不好,生气了会打人的,慢慢地,明仁在家里话越来越少了,每天放学都闷在自己的房间里,因为父亲也不让他出去玩,渐渐地他的性格也就变了。

这个案例告诉我们:家长总是随意打断孩子的诉说,不给孩子倾诉的机会,必然造成亲子之间沟通的障碍,这样,家长也就听不到孩子内心的想法,听不到孩子的心声了。了解不到孩子的所思所想,孩子出现了什么问题,家长也不会知道,问题也就不会得到及时的解决,孩子的心理必然产生严重的消极影响。另外,家长总是打断孩子的诉说,不给孩子说话的机会,孩子想说的话说不出来,总是憋在心里,对孩子的心理发展很不利。因此,聪明的家长,在孩子倾诉时,不要随意打断孩子的话,而要给孩子一个尽情倾诉的机会,这样家长才能更了解孩子,还会拉近家长与孩子之间的距离,使父母和孩子之间感情更融洽。

还有一个相反的案例:

有一个小姑娘,在学校里和同学发生了冲突,受到了老师的批评,但她觉得错不在自己,认为老师批评错了,感到十分委屈,和老师生了气。

回到家里之后,她向母亲倾诉自己在学校里所受到的委屈。可没想到,母亲听后,觉得孩子说得不对,也想批评她,但无奈自己正在病中,嗓子正肿得说不出话来,张了张嘴,没批评成。孩子觉得母亲理解自己,就更痛痛快快地诉说,有的话在母亲听来,是该狠狠训斥一番了,母亲张嘴又想训斥,可还是说不出来。

女儿觉得父母很理解自己，痛痛快快地把心里的委屈都说了出来，母亲一直没能批评、训斥女儿。第二天放学，女儿对母亲说："妈妈，我真是太高兴了，昨天您能理解我，宽容我，对您诉说完委屈，心情好多了，静下心来想，自己跟老师生气是不对的，今天我跟老师承认了错误，老师还表扬了我。要是昨天您不等我说完就训我一顿、骂我一顿，我可能越想越委屈，越钻牛角尖越不痛快。妈妈，您真是太好了，太理解我了。"

倾听是了解孩子最有效的途径，父母只有耐心地倾听孩子的诉说，不轻易打断孩子说话，才能打开孩子的心灵之门，了解孩子的内心世界，在此基础上才能创造更多与孩子交流的机会。

把握倾听的时机

倾听需要一定的技巧，倾听孩子的谈话也要选择好恰当的时机和地点，时机和地点选择得好，才会收到良好的教育效果，反之，则会适得其反。

做父母的，即使工作再忙，也要安排时间听孩子说话。时间可长可短，但一定要保证质量。一个和谐愉快的环境，一个温馨恬静的空间，才能让孩子畅所欲言，家长和孩子之间才会有个良好的沟通。但是，父母一定切记不恰当的时机，就会让交流的质量大打折扣。

比如，孩子吃饭时、上学

前、就寝前、与同伴一起玩或亲友在场时,都不是与孩子沟通的良好时机,不宜对孩子进行批评教育,这样会让他们感觉到很"没面子",损伤他的自尊心和身心健康,也可能使后续的学习和活动受到干扰和影响,并进一步阻碍你和孩子的交流。

聪明的父母听孩子说话一定要选对时机,应注意以下几点:

1. 自己心情不佳,过于疲劳,或工作中遇到棘手问题必须尽快处理时,最好不要听孩子说话。

2. 要有一个理智的心理环境。环境安静,心理平和,能较好地对孩子的问题进行思考,采取成熟的解决策略。

3. 根据具体情况,父母谁出面,或一起出面,都要事先商量好,注意他人回避政策,避开其他人。

孩子的肢体语言和潜台词

孩子的身体常在自觉或不自觉中传递了许多信息,这就是肢体语言,它是幼儿在能够以字词表达以前的一种与他人沟通之工具。而所谓"潜台词"就是潜藏在孩子言语之内的言外之意,弦外之音,也就是人们在日常交谈中常说的"话里有话"。

孩子并不总是把他的意思表述得清清楚楚,他们也许会采用另一种表达方式向父母暗示。因此在运用倾听手段了解孩子时,一定要细心,要注意那些孩子没有说出来的事情。

时时注意观察孩子的身体表现,留意肢体语言信号,以便在教育孩子中做到有针对性。

肢体语言所表达出一个人内心的意思,有时要比说话还更为真实。对于年龄较小的孩子而言,肢体语言,就是一种与他人沟通之工具。由于孩子

的口语表达的能力不够成熟,所以最擅长运用其肢体语言,如高兴时手舞足蹈,生气时捶拳踢腿,难过时号啕大哭等。

  肢体语言有天生的,也有后天学习的。前者常见的有:噘嘴——不愉快;笑——高兴;打哈欠——想睡或感到无聊;身体打战——冷;以手推开物品——不想要;伸手向物品——想要;伸手向人——想被抱……等。后者常见的有:点头——要或好;摇头——不要或不好;挥挥手——再见;竖起大拇指——好棒;拍拍手——高兴或好棒;用食指轻触嘴唇——安静……不胜枚举。

  在与父母沟通时,有许多孩子都不会明显地表示出他的想法或需求,这也许是出于自尊的需要或是别的一些原因。在倾听孩子讲话时,如果你不够细心,就会忽略了孩子的"潜台词"。

  草野的父亲是一个法官,每天都要处理很多民事案件。

  一天,草野问他的父亲:"在我们这个地区,每天有多少孩子被抛弃?"听到儿子的问题,父亲感到很高兴,没想到儿子这么小就对社会问题这么感兴趣,于是他就耐心地给儿子讲了这方面的几个案件,然后又去查了数据。但是草野仍然不满意,继续问同一个问题:"在我们市被抛弃的孩子有多少?整个日本呢?全世界呢?"

  父亲感到很奇怪,经过一番思索,他终于明白了草野的意思:儿子关心的是个人问题,而不是社会问题,他问这些问题并不是出于对这些孩子的同情,也不是真正想得到这个数据,他其实是在为自己担心,担心自己将来

会被父母抛弃。

父亲仔细想了一下,然后对他保证说:"你担心我们会像其他父母那样将你抛弃,我向你保证我们决不会那样做,我们爱你,请你相信我们。"

草野听到父亲的保证,这才安下心来。

所以,父母一定要读懂孩子的潜台词或肢体语言,以便因势利导,及时教诲。

反应性倾听效果好

"倾听"在心理学上具有"净化心灵"的作用。当一个人遭遇挫折、困惑、委屈或失败时,他最需要的不是安慰,不是批评,更不是说理,而是一个值得他信赖的人来听他说,理解他,接纳他。"反应性倾听",就是一种良好的"净化心灵"倾听方式。

所谓反应性倾听,是指简单扼要地重述孩子的感受以及导致这种感受产生的原因。通过与父母共同分担不愉快的感受,孩子将会减少受伤害和压力的程度,同时也逐渐增强对自己的情绪及行为的控制能力,在以后面对日常生活中的种种挑战和失意时,做出较好的选择,同时,父母与孩子的沟通也将得到改善,彼此关系会更为密切。这就是反映性倾听所要达到的目的。

然而,很多时候,不少父母在听孩子讲话时,并没有采用反应式倾听的方式,以致沟通不理想。下面的例子也许带有一定的普遍性:

15岁的男孩带着怒气告诉爸爸:"我讨厌篮球教练,他从不让我上场。只有打得最好的队员才能上场。每次比赛我都是坐在场边。"

爸爸的反应:

1. 指示型:"你应告诉教练你的想法,你应该知道怎样为自己争取

权利。"

2．埋怨型："是你自己技术不行。你的队友中有些人从7岁起就打球。小时候叫你参加球队你就是不肯。"

3．安慰型："我相信通过练习你会进步的。要有耐心,教练还没有看到你的潜能。"

4．援救型："我去找你的教练谈谈。这对你是不公平的,你想打球怎能不让你打。"

上面的四种反应都不能有效帮助孩子解决问题,甚至会导致孩子以后有问题不跟父母讲。下面的对话,爸爸采用的是反应式倾听,确实能帮助孩子。

爸："看样子你在生教练的气,因为他没让你上场。"

儿子："可不是吗？打篮球挺有趣,尤其是在比赛的时候。"

爸："你很想参加比赛,可是你现在有点失望,因为队友间都有竞争。"

儿子："是啊,也许我在场外应多加练习,提高球技,才能有机会上场。"

把孩子说的话或表达的感情接收过来,然后再反映回去,这是一种尊重孩子的态度。父母可以不同意孩子的想法,但通过反应式的倾听表示愿意真诚地了解他们的感受,包括字面上的意思或隐含于背后的意思。

父母运用好反应性倾听,要注意三个要素：

1．专注的态度。孩子讲话时,父母可暂时停止手边做的事,保持与孩子的眼神接触。要避免到处走动、边做事边听或背对着孩子,因为这些行为可能让孩子觉得你对他所说的不感兴趣。

2．观察。仔细观察孩子讲话时的面部表情和行为表现。

3．认真倾听并做出开放式的反应。对孩子所说的话的反应,在某种程度上可归纳为"封闭式"和"开放式"两种。封闭式的反应表示听者(父母)并没有理解孩子讲的真实含义,它常常导致交谈终止。而开放式的反应表明父母听到并理解孩子讲话所指。请看下例：

孩子："丸子和山野都不来我们家玩,真让我失望,现在不知干什么好。"

封闭式反应："是啊,事情不总是我们想怎么样就怎么样。生活就是

这样。"

开放式反应:"你觉得很孤独,因为好像没人在意你。"

封闭式反应没有接纳孩子的感受,它所传递的信息是他的感受无关紧要,把进一步交谈的门堵住了,使孩子感到被拒绝了。

开放式反应承认孩子的感受,表达了接纳和关心,打开了交谈的门路,孩子因此会决定告诉父母更多。

因此我们可以得出结论,反应性倾听就是让父母做出开放式反应,反映出孩子的感受和意思。反应性倾听要求父母善于捕捉子女的感受,并概括地、不加评判地加以表达,使孩子感到父母理解他,而乐意再谈下去。

倾听要多听少说

上帝为什么让人有两只耳朵,却只有一张嘴?因为上帝要告诉我们,要多听少说。倾听是一门艺术,倾听是一种习惯,倾听是一种尊重,倾听是一种品德,倾听是一种修养,善于倾听是父母教育孩子的重要武器。

心理学研究表明,父母让孩子通过语言把所有的感情——积极的和消极的——都表达出来,是对孩子最大的保护。对孩子来说,他总希望父母能与他共享快乐或分担愤怒、恐惧、压抑和悲伤;而做父母的,却往往只爱听"好消息",不爱听"坏消息"。长此以往,孩子失望了,觉得什么事情对父母说了也白说,还不如将坏心情埋在心里。久而久之,孩子的消极情绪找不到宣泄和化解的渠道,积累到一定程度就可能突然爆发,变成一种对抗情绪,以致给自己和家庭带来损害。

很多的家长都已经逐渐意识到,倾听是沟通的一项重要内容,是了解孩子、拉近彼此关系的有效手段。然而,在倾听过程中,家长还是容易犯一些错误,比如说得太多听得太少,这样往往会影响沟通的效果。多听少说,

应该是倾听孩子讲话的重要原则之一,家长应该尽量多给孩子一些倾诉的机会,不要随便插嘴、说教。

父母要明白,孩子在发泄怨气时,他只需要一个听众,一个听他诉说烦恼的听众。而父母在此时,完全不必对孩子说教,只要认真地听孩子把话说完就好,即使他说的是错误的。这不仅是尊重孩子的表现,也是在为进一步沟通打基础。

多听少说的父母是明智的,也最受孩子的欢迎。当孩子想要向父母倾诉时,不管你是不是正在忙碌,都不要说:"你看不见我正在忙着?等一下再说吧!"可当你有了空,想倾听孩子说话时,孩子可能已经失去再说的兴趣了,因此,当孩子想向你说话时,你应该立刻放下手边的工作,诚恳而温柔地细心倾听孩子的诉说。

当孩子功课上有难题时,父母不要马上指出他的错处或教导他正确的方法,也不要不时插嘴追问孩子:"究竟想到没有?""这么容易的题目,别的孩子早已懂得怎样做了!"

父母应该给孩子一段时间,让他慢慢思考,这样才可以获得灵感或唤回记忆。否则孩子在父母不断的催促下,会感到烦恼慌乱,无法做出思考。

多听听孩子的心声,了解孩子的感受,不但可以增进亲子沟通的感情,也可以让孩子明白,当遇到任何烦恼时,回到家里都会得到爸爸妈妈的体谅和支持。这会增加孩子的安全感,当然,孩子也更愿意在这种安全感中多与父母交谈和沟通,把自己的所感所想都倾诉给父母。

另外,在倾听孩子讲话时还要注意:倾听不是在摆姿态。如果我们将这种态度当作一个技巧采用,只是用此来骗取孩子的信任,一边做出倾听的样子,一边想着驳回的理由和转变他的想法的途径,完全不考虑孩子所述观点中的可取之处,只要不符合自己的看法就一概否定,内心深处还是认为孩子的经验与认识又能有多少?如此反复几次,孩子便有上当的感觉,也就不会再接受你的倾听了。

第二章

沟通由"心"开始

父母主动打开心扉

只有真诚，人与人之间才能交流下去，父母与孩子之间的沟通也是如此。但是，太多的父母一般只要求孩子向自己袒露心迹，自己却很少向孩子透露自己的内心世界，并擅长于严肃的说教。这种不平等的姿态，会导致孩子心理的不平衡，所以也当然不可能取得好的沟通效果。父母只有用开放的心态与孩子交流，孩子才会向父母主动打开心扉。

父母向孩子敞露内心，表现了对孩子的尊重与信赖，加强了与孩子的情感联系，有利于亲子间融洽的沟通，这种交流在孩子逐步成熟时尤为重要。十几岁的年龄是孩子成长的关键时期，但也是最有可能出现错误教育的时刻。父母与子女感情密切，就容易沟通，从而有效地避免少年期容易遇到的问题，使孩子顺利成长，而父母与孩子间的这种密切关系是需要长期、有意识培养的。当孩子们开始发问"爸爸为什么不高兴呀？是不是工作上有了麻烦？"的时候，做父母的就该认真考虑一下是否该与孩子认真谈一谈。那么谈多少，怎么谈？如果我们一语搪塞说："没有什么，很好。"或"不关你的事，去玩你的吧。"我们就很随便地将孩子对父母的关心推开，等于将一颗关怀他人的心挡在门外，孩子所得到的信息便是父母不让孩子有爱心和责任心，日后我们也就没有理由抱怨我们的孩子不关心父母。

和孩子们总结自己的成功与失败，表述自己的计划与展望，这本身就是对孩子最生动的人生教育，反过来也是对父母自身的鼓励。生活中人人有坎坷，有些人终生不得志，同孩子一起回顾分析自己的经历，承认自己以往的失败，回顾自己的终身憾事，对做父母的来说不是一件容易的事情，可能会担心孩子会看不起自己。事实上这样做有许多益处，将自己的实践积累和经验教训传授给孩子，这是送给他们最珍贵的礼物。

另外,与孩子交谈时,家长要注意语调和面部表情。孩子有时会问:"你是不是生气了?"你绷着脸说:"没有。"然而你脸上的表情和语调却表示出你在生气、在愤怒。孩子是非常敏感的,他们能很快地分辨出你在讲话中所要传达的真正意思和态度。而我们成年人却往往并不敏感,没有意识到自己在同孩子讲话时运用了不同的腔调,更没有考虑这种语调对孩子的行为所起的独特的作用。

放下家长的架子

历史的很长一段时间,家长即一家之主,高高在上,俨然一国之君主,这就是所谓的家长制。这种传统文化在我国存在了数千年,至今,在很多父母的观念中仍然根深蒂固。这种价值取向导致今天的父母比较推崇父母权威,父母习惯于按自己的理想模式塑造孩子,而不管孩子的实际情况。在教育孩子的方法上,习惯于训斥、发号施令和严格的监督与惩罚。家长制的价值取向使得父母将子女看成是自己的私有财产,认为顺从、听话才是好孩子,在此基础上形成的家庭价值否认个人,个人利益处于从属地位,个人的价值、尊严受到忽视。

另外,父母的角色行为习惯。父母先于子女走上人生旅途,年龄及所受的教育、社会阅历、经济实力与子女都不可相提并论。子女在父母的精心呵护下渐渐成长,父母眼中的子女永远是孩子,因而很多时候父母过于关心孩子,以教训的口吻对待孩子都是出于角色行为习惯。

但是,父母的角色会使父母在教育孩子的过程中起不到良好的效果。孩子或出于威严,或出于抵触情绪,完全有可能把自己和父母隔离开来,不与父母沟通和交流。特别是对于中学时期的孩子:中学时期,孩子在心理上有一段远离父母的时期,这称为心理"闭锁期",这是他们寻找自我、探索自

我的表现，也是他们成长所必不可少的历程。这时他们不仅产生独立要求，而且也体会到自身社会地位和社会作用的变化，这样既使孩子获得了从事各种活动的能力，又对他们的认识能力、情感、意志以及整个个性特征产生了重要的影响。因此可以说这一现象是孩子成长的契机，也是教育子女的契机。这一阶段哪怕是孩子出了问题，如将其放在孩子整个生命历程中来看待都会有其两面性的作用。高中阶段孩子自我意识已经觉醒，独立人格渐趋形成，他们有自己的理想、意识、情感、行为方式。家长如仍高高在上，不注意孩子的感受，对孩子的问题采取指令、压服等对策，不仅易造成亲子对立，并且也会错失教育孩子、促使孩子成长的良机。

只有做父母的做到和孩子真正地用"心"沟通，才有可能深入地了解孩子、理解孩子，而家长放下架子，平等与孩子交流就是了解孩子、理解孩子的最好手段。

有很多美国的父母往往在孩子幼小的时候就自觉成为他们的朋友。这些父母与孩子说话时，总是蹲下来，与孩子处在一个水平线上，并用双手握住孩子的小手，用亲切的目光对视着，和颜悦色，以商量的口气与孩子说话。孩子们也似乎都很懂事，眨着眼睛，频频点头。父母应当认识到，孩子虽然年龄小，个子矮，但他们是独立的人，应当得到父母的尊重。

蹲下来，和孩子平视，表现在生活中父母要尊重孩子，以平等的身份对待孩子，与孩子建立相互信任，做孩子的知心朋友。在我们的周围，很多孩子往往喜欢与家庭以外的成人交往，因为那些成人对待他们很像同辈，可是在家庭中往往就感受不到这种气氛。

在日常生活中，家长和孩子的交往，应该是平等和民主的，而不是独断的。作为父母，应该放下家长的架子，努力和孩子成为朋友，只有做到这点，才能使孩子敞开"心"来与你沟通。

家长一定要放下架子，按照民主和平等的原则与孩子交往，但是民主平等也要讲求个度。美国教育学家洛韦博士研究发现，"这种民主的态度导致过度的放纵时，有时是家长出于避免'伤害'关系，而不是教育孩子过上一种自我约束的生活时，问题也会接踵而来。过度的放纵实际上是一种'忽视'观的信号，它忽视了价值观，忽视了教育机会，忽视了父母与孩子的关

系。为了教育孩子成功，人们需要崇尚适度的规矩和做事的准则。"

别伤了孩子的自尊心

　　心理学家认为："自尊是个体对自我总体知觉的评价，包括能力和价值两个重要元素。自尊越来越受到重视，它似乎与儿童的心理卫生、行为问题、学业成绩、社会适应有关。"自尊无可避免地会影响儿童的适应能力，低自尊的儿童比较容易感到无助、焦虑、自卑、不快乐。所以，父母千万不可虐待孩子的心灵，伤害孩子的自尊心。

　　神田正读小学五年级，一次因数学测试成绩差被老师当众训斥，并罚抄试卷三遍。平时性格内向的他，从此更加精神压抑，离群寡欢，一上数学课就有一种莫名的畏惧感。后来竟发展到只要朝学校方向走便浑身发抖，上课常常觉得头晕眼花，耳边总回响着教师那尖刻的斥责声，度日如年。最后，家长不得不叫他休学。

　　这是一个受"心理虐待"产生严重后果的例子，当然也是极个别的。但是，在现实生活中，家长对子女、教师对学生，一怒之下，开口便训，且言语刻薄，什么"笨蛋"、"蠢货"、"没出息"，顺嘴劈向孩子，这种不经意的心灵伤

害却并不少见。

下面的几种情况都有可能伤害孩子的自尊心：

一、强迫。根本不考虑孩子的需要，强迫他们按家长的意志行事，甚至连孩子的申辩、愤怒、反抗权力都被剥夺。这些孩子往往胆小怕事、遇事退缩，缺少独立性，这必将难以适应复杂的社会生活。

二、冷漠。对孩子的需要漠不关心，缺少亲近感和同情心。对他们的过失，不是帮助教育，耐心引导，而是采取冷落态度。这些孩子多苦闷、孤独。

三、贬低。对孩子的细微进步毫不重视，经常伤害他们的自尊心，贬低他们的学习成绩，然又不放过任何一点过失。致使孩子自卑，缺乏自信心，无主见。

四、抹杀。在孩子出现失误时，不是从整体上评价他们，帮助其找出原因，鼓励他们克服困难，而是抹杀过去的一切，批评责骂，在孩子受伤的心灵上撒盐，这类孩子常常一蹶不振，看不到希望。

作为家长，首先要认识对孩子"心灵虐待"的危害性，认识到少儿心理健康是"健康"的一个重要组成部分。其实，父母与孩子之间，只要在以尊重为前提的条件下，基本都能够做到有真正意义上的沟通。只是，很多时候，父母缺乏对孩子的尊重。

一方面，大多数父母认为，孩子甚至比自己还重要，可是另一方面，他们在与孩子交谈时，又习惯于要求孩子完全放弃自己的想法和感受。这种做法包含了巨大的矛盾，它只会导致孩子对与父母交谈的害怕。要想成功地与孩子进行有教育意义的交谈，父母必须始终小心翼翼地去维护孩子幼小脆弱的自尊心。做父母的一定要明白以下几点：

第一，孩子越小，心灵越不设防，越容易受伤害。父母需要给予小心呵护，例如：多关心孩子内心的冷暖；多给他一些微笑和关怀的眼神；多给他一些理解和支持；常拥抱他，并说："孩子，妈妈爱你。"

第二，正确对待孩子的学习成绩，或者说成败体验。要时刻让孩子感到父母"无条件的爱"。父母对他的任何努力都要给予鼓励，甚至允许孩子犯错误。家长不要只在孩子取得成绩的时候笑逐颜开，"好孩子、乖孩子"这样叫着，而在他成绩退步的时候，脸一下拉好长，让孩子感觉你爱的不是他，

而是他的成绩。

第三，多给孩子留面子，不要当着别人的面训斥、指责孩子，不要当着别人的面唠叨孩子曾经说过的话或做过的事，使他感到难堪。

人与人之间的礼貌和尊重是很重要的。孩子的成长过程正是孩子自我观念的塑造时期，在这个阶段，父母的评价对孩子的发展相当重要。要是做父母的经常说他是傻瓜，他就会慢慢相信自己是傻瓜。久而久之，孩子的自信心、积极性就会受到打击，为避免被人嘲笑，他将不再主动做事，不愿参加任何竞争和比赛，他只想消极处世来求自保，甚至加入不良团伙，到那里寻找暂时的满足。

因此，真正懂得教育的父母，是绝对不会去伤害孩子的自尊心的，他们善于运用各种方法满足孩子的自尊心，更好地教育孩子。其实，大而化之，这一点并不难理解：人都有一个特点，你说的事情让我内心满足，我当然愿意听你的，否则我为什么要听你的？孩子感觉到你尊重他，他就会听你的话，如果感觉到你不尊重他，他就很反感，当然就对你的话听不进去了。

美国心理学家詹姆斯·杜布森博士说："有千百种方法可以让孩子失去自尊心，但重建自尊却是一个缓慢而困难的过程。"父母以什么样的态度和方法来教育孩子，对孩子的自尊发展有着重要的影响。家长一定要谨言慎行，勿伤了孩子的自尊。

从孩子的角度想问题

孩子从小就喜欢问"我从哪里来？""星星为什么爱眨眼睛？"等这样一些问题。从孩子的角度看世界，万物皆有灵性。孩子喜欢和花草讲悄悄话，为布娃娃洗脸、穿衣服，下雨天还在水里跑来跑去。孩子常按自己的思维方式去行动。如对玩具闹钟的构造产生好奇，但又不理解抽象的理论讲解，索

性拆开来自己琢磨,而父母往往不理解,误以为孩子是在搞破坏。

从大人的角度看,孩子的想法有时是不可理喻的,可是,在孩子独特的世界中,绝非不可理喻。大人和孩子分属于两个不同的世界,父母不能用成人的世界来套儿童的世界。世界上有许多东西在成人看来是错误的、变形的,甚至是荒唐的,但在孩子的眼里却是真实的和正确的。因为孩子是从自己的角度看世界,所以处理和分析问题的方法与成人是不同的。

不少父母常常以家长的身份,站在大人的角度,强制孩子做他不喜欢或力不从心的事,使孩子过早地失去童真,失去成长的欢乐,失去做事的兴趣,这是很不人道的。父母只有站在孩子的立场思考问题,才能让孩子更健康的成长。

爱迪生在学校里,是一个顽皮好问的学生,对于一些不明白的问题,常常去问老师,但老师不喜欢他提问,往往大加训斥,甚至举起教鞭打他。有一次上数学课,老师在讲解数学题,爱迪生突然向老师发问:"老师,2+2为什么等于4?"老师觉得爱迪生又笨又调皮,他反问道:"不等于4难道等于5?"爱迪生很想明白数字的奥秘,他想了又想,忍不住又问老师:"2+2为什么不可以等于5呢?"老师大为恼火,厉声训斥道:"爱迪生,你故意捣乱,给我滚出去!"爱迪生遭到责骂,委屈地跑出了教室。

这样,在校学习不到三个月,老师便把爱迪生的母亲叫来,对她说:"爱迪生这孩子一点不用功,还老是提一些十分可笑的问题。我看这孩子实在

太笨,留在学校里只会妨碍别的学生,还是别上学了吧!"爱迪生的母亲非常生气地说:"我认为爱迪生比同龄的大多数孩子聪明,我自己教我的孩子,他再也不会到这里来了!"

爱迪生的母亲是一所女子学校的教师,是一个富有教学经验的人,据她平日的留心观察,爱迪生不但不是低能儿,而且时时表现出非常优秀的品质来。离开了学校,爱迪生的母亲决心用全力教育爱迪生,使他成为优秀的人。

回到家里,母亲说:"从现在起,我就是你的老师,但我有两项约束:第一,你要做什么事必须先告诉妈妈,因为你做的事虽好,但也许会妨碍别人。你要知道,给别人惹麻烦是不好的;另外一件事,就是长大后做个对社会有用的人。今后你得好好用功,妈妈要当你的老师,你必须认真听我的教导。"

爱迪生用力地点了点头,眼中满是泪水,母子俩紧紧地拥抱在一起,彼此的心也紧紧地系在了一起。

从那以后,母亲成了爱迪生的"家庭教师"。爱迪生在母亲的亲自指导下如饥似渴地汲取着人类先哲的智慧思想。根据母亲的固定计划,无论是冬天还是夏天,即使在其他孩子玩的时候,他都能坚持每天学习。

在这些教育中,爱迪生深深地感到读书的重要,最终取得了辉煌的成就。他一直认为,母亲是真正理解他的人。爱迪生说:"我在早年发现了慈母是如何有益的。当学校教员叫我笨蛋时,她来到学校为我极力辩护,从那时起,我决定要给她争脸面,不辜负她对我的期望。她实在是真正理解我的人。"

爱迪生之所以说这样的话,是因为他的母亲站在爱迪生的角度来看问题,她没有像老师一样否定爱迪生,给了爱迪生自信,并成就了一个伟大的发明家。

给孩子应有的尊重

日本著名漫画家庵野秀明,在教育孩子方面,非常强调的是尊重孩子的选择,给孩子以充分的自由。

一次,孩子的妈妈去法国了,庵野秀明负责送孩子上钢琴课。车到达目的地前,女儿却说:"我不喜欢弹钢琴,我想学的是吹笛子。"庵野秀明听了,竟毫不犹豫,立刻把车调回头,一路开回家。孩子很不安地问道:"可是妈妈刚交了40万日元的学费,怎么办?"庵野秀明回答说:"那只好算了。"

庵野秀明说,40万日元,对他来说,虽不算多,可也不算少。但他认为钱可以再赚,或者节省一些,少买一两套衣服,少吃几顿大餐。但是,孩子的自由是用钱买不到的,童年也是不会重来的,强迫孩子学习不喜欢的项目,会给孩子的心灵留下抹不去的阴影。

庵野秀明先生认为,教育孩子首先要顺其自然。父母不要去为孩子安排未来,未来的路怎样走,要让孩子自己去选择。

在父亲开放式教育的培养下,庵野秀明先生的女儿从小就非常有主见,她知道自己做主是最幸福的。后来女儿一个人独自闯世界,虽然有些国家的语言不通,但是她还是克服了所有困难。

庵野秀明尊重女儿的选择,以40万日元钱为代价,换回的是女儿幸福的童年,和女儿独立自主的个性。

孩子是活生生的人,他不是父母的附属物,他遇事有自己的想法。对于孩子的意见父母应该予以尊重、理解和鼓励。例如,孩子对课余活动的安排等事情,父母应该尽量尊重孩子的意见,意见有分歧应该在协商的基础上解决。否则,孩子会认为他的想法总是被大人们忽视,为了证明自己的存在,他可能会变得越发倔强、叛逆,很难与之交流沟通。

只有尊重才显平等,只有平等,孩子才会独立地去思考并做出选择。这不仅锻炼了孩子的选择能力,而且培养了孩子的独立思考能力,并增强了孩子的自信心。通常,尊重孩子,也有不少达成共识的好方法。尊重,两个字写起来简单,可是能不能将此渗透在日常生活中才是关键。可具体该如何操作呢?

1. "请"字当先,"谢"不离口

在孩子分担一些简单的家务活时,不妨"请"字当先。当他完成后,及时"谢谢"。

2. 多问孩子"怎么办"

遇到问题时,不妨先倾听孩子的意见,问他"怎么办",他若说得对,就按照他的主意做;他若说得不妥,可先假设几个问题,直到他每件事说不出了,然后提出自己的看法,这样孩子易于接受。

3. 多提"建议"

如果你有什么主意,不妨与孩子商量,以"建议"形式,征求孩子的意见。孩子理解后,执行就不困难了。

4. 敢于自我批评,道声"对不起"

对孩子做错了事,说错了话,一定要及时改正,并说声"对不起"。不应顾及父母颜面,也没什么放不下的架子。如果孩子能当面指出你的错误,更是件值得高兴的事,"对不起"三字又有何说不出口呢?

当然,尊重孩子并不是说家长不能对孩子提出要求。特别是学龄前期的孩子,他们的兴趣往往带有很大的情境性,受偶然因素影响较大,稳定性较差,兴趣来得快,去得也快。为此,家长在尊重孩子选择的同时,要帮助孩子形成较为稳定的兴趣。另外,由于孩子判断能力差,有时也会产生一些不利于他们身心健康发展的兴趣,这时就需要家长及时

提出要求,及时引导。家长应及时发现孩子的消极兴趣,并在说理的基础上进行严格的教育,从而防患于未然,走上健康成长的道路。

尊重孩子是家庭教育的首要原则。而爱而不娇,严而有格,宽松而不放任,自由而不放纵,则是家教的成功之道。

没有秘密的孩子长不大

"我最讨厌的事情,就是爸爸妈妈偷看我的日记、偷听我的电话。我觉得他们看我就像看贼一样!这样下去,我觉得自己和他们的隔阂越来越大,甚至不愿意和他们交流了。"一方面,家长们常听到这样的抱怨;另一方面,家长为了了解孩子,偷看日记、追查电话、短信,甚至盯梢、跟踪等也成了父母对付孩子的有力手段。这种情形很容易导致父母和孩子的对立情绪,从而加剧两者在家庭教育过程中的矛盾。

教育学家认为,有隐私是孩子逐渐走向独立的标志,这时孩子已经有了一定的判断力,家长不要总认为孩子长不大,自己必须牢牢控制孩子。随着年龄的增长和独立性的增强,他们开始有了自己的一些"秘密",日记就变成了孩子倾诉的"朋友"。但很多父母以对孩子"负责""关心"为由,想方设法翻看孩子的日记,偷听孩子谈话,殊不知这些父母亲的做法却正是孩子们最反感的行为。

理智的做法是尊重孩子的隐私权,也就是尊重孩子的人格。给他们一个自由的空间,但并非放任自流,对孩子的隐私要给予充分的关注、积极的引导。

首先,主动以平等的态度与孩子多交谈,谈父母在与他同龄时的一些所思所想、成功和挫折,甚至谈一些当初的隐私,谈自己对事物的看法和想法,倾听和征求孩子的意见和建议,使自己成为孩子可以信赖的朋

友。一段时间后,孩子会愿意把自己心中的秘密告诉父母,这样才能了解和掌握孩子的隐私,给予必要的指点和教育。

其次,要培养孩子的自我教育能力。获取有关孩子隐私的信息,即使有些越轨和不良因素,也不必大惊失色、殴打辱骂,可以与孩子一起讨论理想、事业、道德、人生观、价值观等问题,引导孩子自己悟出为人处世的真理,提高孩子按规范要求调整自己行为的能力。有了这种自我教育能力,一些隐私中的危险倾向,都有可能自我解决。

14岁的女孩子由美纪子和妈妈的关系特别好,什么事都愿意和妈妈商量,她认为妈妈最伟大的地方就是从来不侵犯她的隐私。她常常自豪地对同学说:"我的日记放在桌面上,也没有锁,我有这个自信,妈妈绝不会偷看!"而她的妈妈透露自己的教育心经时,说:"我知道我必须尊重孩子,这样才能换来她的信任和尊重。瞧,现在不是很好吗?我从不偷看她的信件、日记,但她有了难解的事都和我商量,有男孩追她啊,不喜欢数学啊……我一点也不用担心她变坏。"

由美纪子真幸运,有这样一个开明、懂得尊重她的妈妈。如果天下的父母都能像这位妈妈一样,也许父母与孩子的沟通就不再是问题了。

父母要懂得尊重自己孩子的隐私,就不能随意地拆孩子的邮件或是翻看孩子的日记,更不能监听孩子和他伙伴的谈话,如果孩子的心中有秘密,在他不想倾诉出来的时候,父母也不要刨根究底,更不要以命令的口吻逼孩子说出来。不然的话,只会引起孩子的反感,使他们产生不被信任的感觉,从而渐渐失掉诚实正直的好品格。

其实，每个人的内心都有自己的小秘密，没有隐私的孩子很难健康成长。由于青少年正处于成长阶段，心理尚未完全发育成熟，他们对自己的生活秘密看得很重，他们与成年人一样有着自己不愿让他人知晓的隐私，一样需要亲人和社会的尊重，他们理应享有隐私权。

要尊重孩子的"秘密世界"，有的时候我们必须学会"睁一只眼睛闭一只眼睛"，记住，孩子不是我们的仇人，需要我们时时揭发，他们恰恰是需要我们保护的人，不但在生理层面，更要在心理层面。

允许孩子犯错和失败

小男孩中村信长正在读中学，他有一个不好的毛病，就是丢三落四，经常是在他上学走后，家长发现他忘在家里的书本或文具盒，他姥姥怕耽误孩子学习，每每都是急急忙忙地给他送去，等孩子放学回来，姥姥再数落他一遍，"你怎么这样粗心，又把书本忘在家了！"或"你这毛病可得改，不然将来工作了可怎么得了。"孩子是当时听进去，一转身就忘了，没几天这事就又重演一遍。

一次，中村信长装书包时忘记把语文书装进去，他妈妈看见了故意没有告诉他。等孩子走后，妈妈说孩子的语文书忘拿了，姥姥听了很生气还埋怨孩子妈妈为什么不告诉孩子一声，不然孩子上课没有书怎么学呀？妈妈说，其实让孩子改掉坏毛病的最好方法就是让他犯错误，通过老师的批评，让他自己吃点苦头，这样他下一次就不会再忘了。儿子放学后，指责家人为什么不给他送书去，害得他作业都没办法做，老师还当着那么多同学的面训了他一顿。妈妈对他说："今后你自己的事，自己负责，别指望别人提醒你，别再指望谁会把你落在家中的书给你送去。"

那天以后，中村信长又有两次将书忘在家里，都没有人提醒他，也没有

人给他送去,孩子真的尝到了丢三落四的苦头,他改变了自己以往的习惯,在头一天晚上就把书包收拾好,从此再没有发生类似的事。

可以说,有失败才会有进步。

人类的学习过程一直就是"错误——学习——尝试——纠正"不断往复的过程,所谓"失败是成功之母"说的就是这个道理。令人遗憾的是,许多父母往往忘却这个道理,常常不允许孩子犯错误,常常要求孩子做每件事都百分之百正确,这对孩子而言是极不公平的。孩子之所以是孩子,是因为各方面还没有成熟,因此父母应该允许他们犯错误。

首先,父母要有一颗宽容的心,允许孩子犯错误。但是最重要的是,父母要知道:孩子犯了错误后怎么办,自己怎么办?

通常,父母们要遵循7个原则:

1. 避一避

批评孩子不能伤害其自尊心,切忌当众训斥孩子。

2. 缓一缓

家长在气头上批评孩子,难免会言语和行动过激。此时,最好先尝试着让自己放松,心平气和后再选择适当的方式教育孩子。

3. 选一选

选择合适的时间、地点,批评孩子才能达到预期的教育目的。在融洽的氛围中,孩子能够轻松愉快地接受批评,并认真思考、改正。

4. 绕一绕

借助讲述寓言、故事、童话等加以引申、发挥,含蓄委婉地教育孩子,往往会收到意想不到的效果。

5. 冷一冷

有时候采取"冷处理"的方式,能够使孩子感受到无声的惩罚,从而反省自己的过失。

6. 激一激

根据孩子好胜心强的特点,用激将法激励孩子,使之改正缺点。

7. 笑一笑

用幽默作为批评的手段能清除孩子的逆反心理,使其在笑声中受到

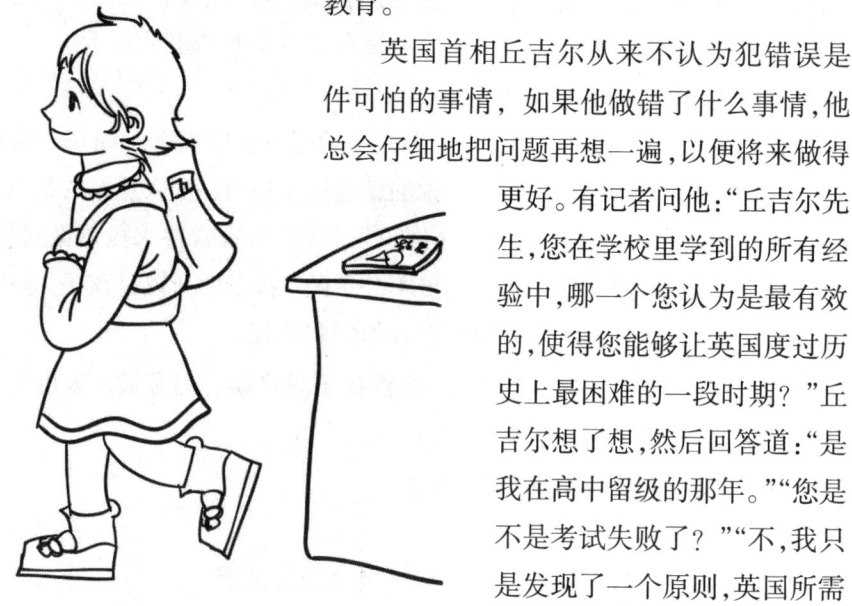

教育。

英国首相丘吉尔从来不认为犯错误是件可怕的事情，如果他做错了什么事情，他总会仔细地把问题再想一遍，以便将来做得更好。有记者问他："丘吉尔先生，您在学校里学到的所有经验中，哪一个您认为是最有效的，使得您能够让英国度过历史上最困难的一段时期？"丘吉尔想了想，然后回答道："是我在高中留级的那年。""您是不是考试失败了？""不，我只是发现了一个原则，英国所需要的并不是聪明和智慧，而是在最困难的时候，能够坚持下去的勇气。"人在一帆风顺的时候可能得不到什么，而在挫折和失败后所得到的教训却是刻骨铭心的。

对孩子来说，由于年龄小，生理、心理上都不成熟，加上没有经验，很容易就犯错了。但是，每一犯错误，都是一个很好的学习过程。"人非圣贤，孰能无过"，大人都有经常犯错的时候，更不要说孩子了。

父母适时自我反省

听朋友讲过一个故事：

在赖特17岁那年的一个早上，父亲要赖特开车送他到20英里之外的

一个地方。那时赖特刚学会开车,于是,就非常高兴地答应了父亲的要求。赖特开车把父亲送到目的地,约定下午3点再来接他,然后赖特就去看电影了。等到最后一部电影结束的时候,已经是下午5点。赖特迟到了整整两个小时!

当赖特把车开到预先约定的地点的时候,父亲正坐在一个角落里耐心地等待着。赖特心里暗想,如果父亲知道自己一直在看电影,一定会非常生气。赖特先是向父亲道歉,然后撒谎说,他本想早些过来的,但是车子出了一些问题,需要修理,维修站的工人们花了两个小时才把车修好。父亲听后看了他一眼,那是赖特永远也忘不了的眼神。

"赖特,你认为必须对我撒谎吗?我感到很失望。"父亲说。

"哦,你说什么呀?我说的全是实话。"赖特争辩道。

父亲看了他一眼,"当你没有按预约时间到达的时候,我就打电话给维修站,问车子是否出了问题,他们告诉我你没有去。所以,我知道车子根本没有问题。"一阵羞愧感顿时袭遍赖特的全身,于是,他承认了自己去看电影的事实。父亲专心地听着,悲伤掠过他的脸庞。

"我很生气,不是生你的气,而是生我自己的气。我觉得作为一个父亲我很失败,因为你认为必须对我说谎,我养了一个甚至不能跟父亲说真话的儿子。我现在要步行回家,对我这些年来做错的一些事情好好反省。"

赖特的道歉以及他后来所有的话都没有起到任何作用。父亲开始沿着尘土飞扬的道路行走,赖特迅速地跳到车上紧跟在父亲的后面,希望父亲可以回心转意停下来。赖特一路上都在忏悔,告诉父亲他是多么抱歉和难过,但是父亲根本不理睬,独自一人默默地走着、思索着,脸上写满了痛苦。

整整20英里的路程,赖特一直跟着父亲,时速大约为每小时4英里。看着父亲遭受情感和肉体上的双重折磨,这是赖特生命中最令他难过和痛苦的经历。然而,这也是他父亲生命中最成功的一次教育。从此以后,赖特再也没有对他的父亲说过谎。

年幼的孩子难免会有一些这样或那样的小毛病,对于孩子的不足,很多父母都是给予严厉责备,但是,有多少人真正明白,其实,孩子身上的不

少缺点都是源于父母的过失。

"子不教，父之过"。很多父母都熟知这句话，但是，恰恰有很多父母忽视了这句话。不要把孩子的错误总归结到孩子身上。很多时候父母需要不断的反省自己，发现自身的原因，并做出改正，才会更好帮助孩子成长。

当孩子做错事时，为了孩子的身心发展，每一个做父母的都应该适时的反省一下自己的言行。教育孩子如同在岔路众多的地方驾车，时常反省就像时常回头看看是否走错了路，这样才能避免在错误的道路上走得过远。

不知家长们是否认真思考过这样一个问题：很多孩子打人是家长教的。一些家长在对待孩子的教育问题上，方法简单粗暴，动辄打骂。孩子就像一张白纸一样，你教什么，他就跟着学什么。在打骂中长大的孩子，会认为只有武力才能够解决问题。所以，当他和小朋友发生争执的时候，也会不自觉地举起自己的小手，对别人使用武力。如果你对他的打人行为实行体罚的话，情形可能会更糟，不仅会损伤孩子的自尊心，还会让他们得出这样一种结论：你能够这样做，是因为你的个子比他高，力气比他大。所以，为了孩子能够快乐、平等地与人相处，请收起你高高扬起的巴掌，找寻自身的原因，与你的孩子真诚交流、沟通，以改善你们之间的关系，相信父母的自我反省会更好地起到教育孩子的作用……

第三章

与孩子沟通的语言艺术

不要使用语言暴力

东京大学曾对某中学亲子语言沟通方式展开了一项调查,结果显示,约96%的父母喜欢用"不许"、"不要"等语句来指使孩子的行为;91%的家长"当孩子犯错误时常常唠叨、指责"。瑞士心理学家让·皮亚杰说:"对孩子的惩戒,一定要掌握好度,切记不要用语言去伤害孩子。"

一个4岁女孩儿每天在梦里都会拼命地抓自己的头发,母亲以为孩子得了心理疾病。经过询问才知道,真正的原因是这位母亲发脾气时总对孩子说"我真想把你的头发抓下来",孩子由于受到过度的恐吓,所以,梦中才会出现抓头发的现象……

在生活中,当孩子在学校犯错受到老师批评的时候,往往回家后还要受到父母的二次"审问"。但是,如果父母说,"没关系,谁都有犯错误的时候,改正了就是好孩子",孩子一定对父母心存感激,并努力改正错误。如果父母再次批评孩子的话,只会引起不良后果,影响孩子的成长。

有些父母或许就有这种不很愉快的体验:想让孩子干什么,孩子偏偏不去做,甚至故意唱"反调"。昔日那个乖巧、听话、可爱的小小孩儿,越来越有自己的想法,有时甚至是比较任性、固执。尽管为人父母的我们,耐着性子、压住火气对其轻言细语的进行劝慰,但往往事与愿违,无奈中怒火膨胀,尖刻、严厉、不管深浅的怒骂随口而出,骂也骂了,气也出了,被唾沫星子炸得晕头转向的孩子,沉稳了不长时间,就又恢复了原样。甚至有些孩子会变本加厉,变得越发难于教育。那么造成这种现象的主要原因是什么呢?

那是因为,家长对孩子过度使用了"语言暴力!"

父母要保持时刻的清醒:孩子不是出气筒,不要轻易使用语言暴力。

加藤妈妈因为近来工作压力大,精神紧张,一次孩子不小心摔碎了一只碗,结果劈头盖脸就大骂一通,以至于孩子至今都不肯与她说话。加藤妈妈虽然意识到了自己的错误,但至今未得到孩子的谅解。

孩子都有很强的自尊心,如果因为一点小错误就被父母痛斥,最直接的后果是对家长产生回避甚至厌恶的情绪。哀莫大于心死!孩子的心理防线实在太脆弱。父母要记住,永远不要对孩子这样说:

"你真是没用的东西。"
"你真让人烦死了!你没看到我正忙着吗?"
"别忘了,我所做的一切都是为了你!"
"我对你说过多次,不要乱跑!"
"为什么你不像小明那样听话?"
"我在你这个年龄时早就……"
"你做这种事,真让我伤心透了。"
"你从不听我讲的话。你以为自己很能干吗?"
"你要考了一百分,我就给你买玩具。"
"像你这样不听话的孩子,长大了也只能是人渣,要是我早就跳楼自杀了!"
"你看××多好,爸爸妈妈真为有你这样的孩子感到羞耻!"

语言暴力所产生的负面影响是很严重的,并影响深远。

来自教师的"语言暴力"已经引起了名古屋青少年法律援助与研究中心的重视。前不久,他们公布的《教师语言暴力调研报告》显示:72%的被调查初中生表示,老师使用的不文明语言对其造成了心理伤害。

报告进一步指出,小学生们认为老师的语言暴力使他们"伤自尊"、"害怕老师"等。初中生则认为"很伤自尊",甚至想"自残、自杀"。

"相比于身体上遭受的暴力,来自语言心理上的暴力侵害在一定程度上后果更为严重。身体上的侵害是外表伤情,而语言心理上的侵害则是'内伤',它影响的时间更长,后果一般也更严重。"东京青少年法律援助与研究

中心森口舞治副主任分析说。

名古屋大学心理学专家认为,"同伴或老师实施的语言伤害,还会给孩子的心理上投下一种阴影,致使他们不再相信外部世界,觉得这个社会是冷漠的、恶毒的,对社会产生一种强烈的排斥感。"

语言暴力和正常的语言警示只是一念之间。严厉的话语,决不能触及孩子的人格,更不能常用和滥用。孩子在成长的每一个阶段都有独特的特点,家长往往不在意孩子的年龄特点,也忘记了自己童年和少年时代的所思所想,不经意间,喜欢用自己的眼光和标准去衡量、看待孩子的成长,逐渐使家庭教育陷入恶性循环:过激的语言不尊重孩子,伤了孩子稚嫩的心灵→导致孩子情绪不佳,上学读书充满了挫败感,有意做出不良行为(进行挑衅或报复)→语言暴力升级和滥用→孩子出现自暴自弃心理,做出更加不良的行为或家庭教育失控。

为了避免语言暴力对孩子的心灵造成伤害,我们给广大的家长提供以下建议:

1. 要注意把握孩子的年龄特点。不同发展阶段的孩子其理解能力、生理及心理上的需求都有所不同,家长对待孩子的方式应随之调整,多用鼓励和赏识,增强孩子的自信心。

2. 要针对孩子不同的气质类型采取不同的对策。家长一定要了解孩子属于哪类气质,因人而异把握孩子的心理特点,适当调整教育方法,不要与其他孩子的性格特点和学习特点进行攀比,一味将自己设定的模式强加在孩子身上。这样既可避免亲子之间发生心理沟通上的矛盾,也不会破坏孩子学习的兴致。

3. 教育孩子,夫妻之间要默契配合。现实中,多数母亲教育孩子时,火气上来不容许别人插话,一个无休止的发泄,一个旁观或避而远之或百般保护或幸灾乐祸,语言暴力逐渐升级,使家庭教育处在尴尬的境地。

4. 家长与孩子之间要相互尊重。作为家长,我们应该走进孩子的内心世界,聆听孩子的声音。在平等的基础上与孩子进行对话,自由的交流、心灵的沟通,因为相互尊重,才是良好沟通的前提,而良好的沟通,则是教育的前提!

赞美孩子要有技巧

苏联教育家苏霍姆林斯基说，"人的内心最本质的愿望是希望得到赞赏。"

日本和田加津说，"作为母亲，我改变了过去一见孩子就批评、申斥的做法。经常鼓励、赞许孩子，'好样的，干得不错！'"

随着教育理念的不断进步和更新，很多家长都尝试着用赏识孩子的眼光去教育孩子，这对改善亲子关系、帮助孩子健康成长起到了不小的作用。但是，并不是每个家庭都很顺利，部分家长就有这样的抱怨："我的孩子表扬不得的，越表扬越不行。"

事实上，并不是"表扬"这一教育方法不适合你的孩子，而是由于你还没有学会如何表扬孩子。

有效表扬必须具备四个步骤（以孩子英语考试进步为例）：

一、陈述事实：孩子，你上次考80分，这次考了89分。

二、确认事实的可贵性：进步了9分，不简单呢！你肯定比较努力了。

三、表达为孩子进步而高兴的感受：妈妈真为你感到高兴。

四、表达期望：我想你继续努力的话，肯定还会进步的。

而很多家长往往在表扬孩子时并不这样做，比如有位家长是这样表扬的：考89分，90分都考不起？进步是进步了，不要骄傲起来，看你下次会不会退步回去。从心理学角度来分析，这位家长的表扬中含有埋怨、勉强的确认和负面的暗示，其表扬的结果是孩子不高兴或者这次进步仅仅是昙花一现。家长原以为用这种表扬刺激一下孩子会有更大的进步，其实不然。这样非但不会使孩子进步，还会影响到亲子关系。因此，有效的表扬应该是真诚、恰如其分、程序化的。

心理学研究表明,适当的表扬对于塑造儿童行为和培养良好品德有举足轻重的作用,家长正确地使用表扬手段,可以在教育子女的过程中收到良好的效果。

当然,有效的表扬模式并不是固定不变的,没有哪一套表扬模式可以对所有的孩子都适用。因为每个孩子都是一个独特的个体,对一个孩子来说是表扬,对另一个孩子来说未必就是。比如对幼儿,父母的搂抱、亲吻会使他感到身心愉快,同样的方式对少年则容易引起躲避和反感情绪。尽管如此,表扬并不是没有规律可循的。

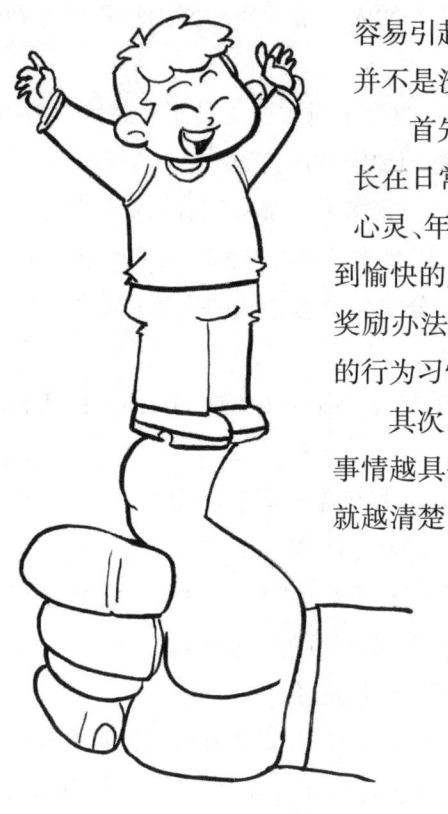

首先,表扬要真正打动孩子的心灵。家长在日常生活中要注意观察、了解孩子的心灵、年龄特点和需要,掌握能够使孩子感到愉快的人、事、物等因素,以便采取适当的奖励办法,激发孩子的积极情感,养成良好的行为习惯。

其次,表扬要具体、及时。家长对表扬的事情越具体越及时,孩子对哪些是好的行为就越清楚,遵守哪些行为的可能性就越大。比如幼儿在家里游戏完毕后,主动将玩具放回原来的位置,家长要培养幼儿这种良好的行为习惯,就应该对这种具体行动进行表扬。如对孩子说:"你能把玩具放回去,妈妈真高兴。"在这方面,家长常常犯两种错误,一是拖延,错过了表扬的最佳时机;二是表扬人格不表扬具体行为,只泛泛地说:"真乖,真是个好孩子。"这两种做法都很难奏效,因为行为和表扬之间是脱节的。

第三,表扬要先密后疏。心理学家斯金纳曾用动物做过试验,证明奖励的间隔变化比每次必奖在塑造动物行为上更经济,更有效。研究表明,这种

有间隔、不定期的表扬方式同样也适用于孩子行为的塑造。一般而言,在形成一个良好行为习惯的初期,表扬要及时、经常,以便加深印象,随着时间的推移,逐渐拉开表扬的时间间隔,行为习惯形成后不再进行表扬。

表扬只是一种手段,不是目的,它的作用是帮助孩子形成良好的行为习惯,即由家长从外部对其行为的肯定转化为孩子内部的自我约束。

另外,家长在运用表扬的手段时,要注意防止以下几种做法:

1. 空头支票,采取不守信用的许诺。如"不要吵,安静点,一会儿妈妈带你到动物园。"家长只是随便说说并不兑现。这种作法容易让孩子失去对家长的信任和尊重。家长正确的做法应该是考虑好了再说,说到做到。

2. 长期的等待,没有短期的表扬目标。大部分孩子由于年龄特点的限制,意志力和忍耐力都没有达到成人的水平,要求孩子必须完成所有的行为才能得到最终的一次性表扬是不妥的。

3. 附加的威胁,在表扬的同时附带着惩罚的阴影。家长虽然形式上在表扬孩子,但不信任和怀疑的情绪在言语中有所流露,这样做不但不能把孩子的行为向好的方向引导,反而导致孩子产生逆反心理和冲动行为。

勇于向孩子道歉

著名诗人石川啄木,有一次因心烦出手打了还不懂事的小女儿,恰好被在外屋的次子立雕看见了,他就挺身出来批评父亲不该打小妹,并且说:"你自己是搞民主运动的,天天讲民主,怎么在家里就动手打人呢?"石川啄木开始一愣,静坐沉思少顷后,走到立雕面前,神情十分严肃认真地说:"我错了,不该打小妹,我小时候父母就是这样管教我的,所以我也用同样的办法来对待你们。希望你们记住,将来不要用这样的方法对待你们自己的孩子。"这样的道歉,无疑使父亲在孩子们心灵中的形象显得特别高大。又如,

横滨一父亲在报上刊登了题为《给儿子的"道歉信"》的广告："看了昨天你给我的信,对我震动很大,反省自己,最近一段时间来,性格变得很暴躁,漠视了你的感受。在此,请接受我深深的歉意。给我一次机会,让我们像朋友一样说说心里话。看到这封信,就给我打电话,好吗？永远爱你、惦记你的父亲。"我们可以相信,当儿子看到父亲这封"道歉信"后,儿子肯定会为父亲这种自责反省、愿与儿子平等对话的勇气所折服。如此运用广告的形式向孩子道歉,虽不值得提倡,倒可谓情真意切！

可是,很多的家长却总是觉得,如果自己向孩子认错、道歉,会很失面子,这种担忧其实是多余的,家长如果学会向孩子"道歉",对教育子女无疑是大有裨益的。家长在家庭教育中出现过失、错误时,理当采取明智之举,勇于向孩子"道歉",这样,定会让孩子笑逐颜开。这既是对自己行为负责的一种表现,也为孩子的为人处事做出了榜样。

作为父母应该懂得,道歉并不仅仅是公共场所使用的外交辞令,在自己家庭里也应是必不可少的言语习惯。如果父母因为误解孩子的言行而指责孩子,后来明白原来不是那么回事的时候或是当父母不小心使孩子受到伤害时候,都应该要向孩子道歉。

在一个家庭中,父母如果从来不向孩子承认自己的缺点和过失,那么他的孩子就会产生父母"虽然永远正确但实际上却老出错"的观念,时间一

长,就会对父母正确的教诲置之脑后,但父母如能在自己对孩子做错事之后,立刻郑重地向孩子认错、道歉,那孩子就会懂得承认错误并不是一件什么可耻的事情,就会提高分辨是非的能力,尝到如何使自己更聪明的甜味。

例如,很多父母在孩子"闯祸"之后,往往由于一时的感情冲动,而对孩子进行了不恰当的、过重的批评或惩罚,但在事后,又觉得很后悔。在这时,倘若父母能勇于真诚地向孩子道歉,用自己的行动补救自己的"过失",则能引导孩子更好地走自己的路。

卡哈被称为是"西班牙王国上空的一颗光辉灿烂的巨星",他的成长就很好地说明了这一点。小时候的卡哈十分调皮,当他运用自己所学的知识造了个"真"的大炮时,没想到,一发射就把邻居家的小孩给打伤了,后来被罚款和拘留。当他从拘留所出来后,身为外科医生、通过刻苦自修当上了萨拉大学应用解剖学教授的父亲,把卡哈这个"顽童"着实训斥了一顿,并责令他停止学业,学补鞋子。后来,父亲越来越觉得这样的处罚过于严厉,孩子闯了祸是要管教,但不能因此而因噎废食。于是,一年后,父亲上修鞋铺接回了卡哈,搂着孩子深情地说:"我做得不对,我向你道歉。我不该因为你闯了一次祸就中断你的学业。从现在起,你就在我身边学习吧,你会有出息的!"从此,卡哈潜心学习骨骼学,终于成为举世瞩目的神经组织学家并荣获了诺贝尔奖。

父母要及时对自己做错的事道歉,并及时改正,才能教育好孩子。

在现实生活中,父母也会有错怪孩子冤枉孩子的时候。儿童心理学家指出:在一个家庭里,家长威信的树立,并非由于他们的一贯正确,而是由于他们实事求是,严于律己,进而取信于孩子。

一个人做错了事,伤害了别人,必须向人家道歉。家长在孩子面前承认错误,或寻找适当机会与孩子谈论自己的错误,是让孩子学会如何做人。只有孩子感到父母真正是言行端正,才能产生由衷的敬意,家长的威信也才会真正树立起来。

同时,道歉还要注意在心平气和时,道歉的主旨要明确,态度要诚恳,

所说的道理要中肯。如此，必会有深刻的教育效果。

明哲的妈妈发现钱包少了 50 元钱，就一口咬定是明哲拿了。明哲说没拿。妈妈不信，先是"启发"孩子："需要钱可以向我要，但不能自己拿！"后来就越说越生气，警告明哲："不经允许拿妈妈的钱，也算是偷！"明哲不服气，母子俩就吵了起来。这时明哲的爸爸回来了，忙解释说："钱是我拿的，还没来得及告诉你呢。"妈妈这才停止了对儿子的逼问，但又补上一句："明哲，你可要记住，花钱要管妈妈要，可不能偷偷地自己拿啊！妈妈的钱可是有数的！"明哲觉得受了不能容忍的侮辱，一气之下，离家出走了。

还有一个故事。惠子的父亲急了：明天就要期中考试了，惠子不在家温书，上哪儿玩去了？过了会儿，惠子回来了。父亲没等惠子解释，就数落开了。惠子没言语，进屋学习去了。过了几天，隔壁的伊藤叔叔忽然登门向惠子表示谢意。原来那天伊藤叔叔家来了电报，惠子想一定有急事，于是赶紧把电报送到了伊藤叔叔单位。电报上说，伊藤奶奶病危，让伊藤叔叔速归。就这样，伊藤叔叔终于在妈妈临终前见了老人一面。惠子爸爸一听才恍然大悟，十分后悔，那天不该如此武断地批评孩子。晚上，惠子爸爸请惠子坐下，十分诚恳地做了自我批评，向孩子道歉。这事之后，惠子更爱爸爸了。

上面两个事例，一反一正，给人以启迪。在家庭生活中，家长说错了话，办错了事，甚至冤枉了孩子，都是难免的，关键是发生问题后家长怎样处理。家长和孩子相处，应该是民主平等的，不能摆家长架子。错怪了孩子，就主动道歉，而且态度诚恳，不敷衍，不强调客观。有些家长认为这样做会有失尊严，其实不然，孩子是明理的。父母向孩子认错，给孩子树立了有错必改的榜样，会使孩子由衷地敬佩父母的见识和修养，从而更加信任父母，使一家人和睦团结，为孩子创造健康成长的良好环境。家长的威信不但不会降低，反而更高了。惠子父亲的正确态度就是证明。明哲的母亲如果也能这样做，明哲肯定会很快就跟妈妈和好，绝对不会出走的。

拜孩子为师

在报纸上读了这样一个故事,给我留下了很深的印象:

如何看待家长与孩子之间的关系,仁者见仁,智者见智,专家学者各抒己见。但从众多的家庭来看,家长为大的作风依旧盛行,至少我就是这样的。但最近的一件事情,彻底冲破了我的思维底线,让我重新开始认识孩子,重新审视自己在孩子心目中的地位。因为从女儿身上,我感受到了危机,家长权威的危机,我不得不承认,有些时候,孩子也能成为家长的老师。

事情还需追溯到今天春节一家人的海南之行。一天,儿子在客厅的地上摆弄着一个看起来颇为复杂的变形金刚玩具。正当他专心致志地仔细研究着如何才能将已经摆弄得没有人形的变形金刚恢复原样的时候,我那号称"孩见愁"的二弟不声不响地走了过去,乘其不备,一把抢过了儿子手中的一个玩具部件,儿子为了夺回被抢走的玩具,直忙得是顾东顾不了西,一阵手忙脚乱,竟然失手将已经拼凑得八九不离十的变形金刚打回了原形。看着自己的劳动成果被毁,儿子伤心得大哭起来。

哭声把我从酣睡中惊醒,我奔到客厅,看着儿子一副哭丧的表情,虽然早已猜到了原因,但借住人家,总得给人留点面子吧!于是,我生气地冲着儿子说道:"有什么好哭的,你咋这么没用,搞坏了就再把它拼好嘛。"儿子抬起头看着我,当他那双小眼睛对视着我那双努力瞪圆了的本来就不大的"牛眼睛"时,哭声戛然停止了。儿子知道,老子生气了,再哭下去准要倒霉。唉,好汉不吃眼前亏。儿子心里盘算着,灰溜溜地捡起地上变形金刚的"尸首"到别处玩去了。

事情就这么平息了,我对待儿子的态度虽然有点儿粗暴,但也似乎合

乎情理。就在大家对此都没有感觉出什么异常的时候,有一个人却在一旁冷眼观看,并从另外一个角度得出了一个大家都意想不到的结论,就在当天,她晚上将自己的感受写进了日记,她就是我的女儿。

　　说实在的,这件事还是过了许久以后我从女儿的一个忘年之交那里得知的,女儿将此事告诉了他,并且表现出了对我处理此事的极大不满。我原以为女儿不过是为了袒护自己的弟弟而责怪于我,但在得知了详情后我震惊了。原来,女儿认为,我这样粗暴地对待弟弟是非常错误的。首先,弟弟没有错,他玩得好好的,是叔叔破坏了他的兴致并搞坏了他的玩具,所以要埋怨也应该埋怨叔叔而不应该去责怪弟弟。其次,此时此刻,玩具在孩子的心目中是一切快乐的源泉,破坏了他的玩具也就等于破坏了他的快乐心情。作为大人,不应用自己对待玩具的态度来要求孩子。在女儿的眼里,事情虽不算大,但不当的处理会从心理上影响孩子对是非的鉴别和认识。如此犀利的观点真的让我顿感惊叹,女儿真的是长大了,虽然看上去仍显得那么稚嫩,有时候观点也显得那么偏激幼稚,但毕竟还是长大了,偶尔一些观点也居然让我敬畏了。

　　从此,我把女儿视为了朋友,不再像以前那样一副家长模样了。

　　在知识快速膨胀的今天,孩子吸收知识的能力和成长的阅历已经能用我们那个时代的尺子来丈量了。正如古人孔圣贤所言:"三人行,必有吾师。"更有道是"弟子不必不如师,师不必贤于弟子也。"孩子虽小,但又何尝不能成为家长的老师呢?放下身段,拜孩子为师,从他们身上学习我们所缺少的东西,这本身就是一种言传身教。在这样的环境下成长的孩子,一定能够形成实事求是、不耻下问、学而不厌的优良品质,这将会使其受益终身。

　　教育家千鹤寿年说过:"今天的父母特别需要学习,把孩子当作一本很厚的书来读,今天的孩子们身上的优点很多,所以不能孩子一出现问题,就说中国的下一代都完了,都是不可救药的。其实这一代的孩子是很优秀的,他们的现代意识、平等意识、法律意识、环保意识等可能都高于成年人,他们对新事物的追求、热情、敏锐都高于成年人。21世纪是两代人相互学习、共同成长的世纪,我们的父母和老师与孩子一起学习,共同成长。"

用谅解感化孩子

谅解、宽容是高尚的情怀与美德，它能产生强大的凝聚力和感染力，能够使人们愿意团结在你的四周。谅解、宽容是一种豁达和挚爱，就如一泓清泉浇灭怨艾嫉妒之火，可以化冲突为祥和，化干戈为玉帛，化仇恨为谅解；谅解、宽容是一种神奇的解毒剂，别人不经意中冲撞了你，他内心也会不安，你以宽厚之心待之，就会使彼此具有更多的信任与爱戴。

在工作生活中，我们能做到宽容家庭、朋友、同事；在家庭教育中，我们也应该能做到谅解、宽容自己的孩子。孩子的身心都没发育健全，他们更容易犯这样那样的错误，这时候，我们给予他们谅解宽容，谅解宽容他们因为害羞而不懂得向老师问好；谅解宽容他们因为粗心而忘带作业；谅解宽容他们因为贪玩而不完成作业；谅解宽容因为动作缓慢拖拉而迟到；谅解因为好动而上课不专心听讲……当然，谅解宽容并不是放任不管，而是在谅解宽容学生的这些小毛病的同时，我们就能心平气和，找出更加有效的方法教育他们，严格要求他们改正。人总是害怕犯错误的，一旦知道自己错了，内心便有惶恐感或负罪感，一般就会希望得到他人的谅解。正是因为你的宽容谅解，孩子就会心存感激，便会下决心改正自己的缺点。

一位老师讲了这样一个故事：

他带的班里有个叫神田优的同学，有不少让老师头痛的毛病，好动多话，听课时特别爱插嘴。上课时，我们讲课，讲着讲着，他旁边位置坐的同学报告：老师，神田优老拿我的笔乱画。过了几分钟，他前边的同学也报告了：老师，神田优摇我的椅子，不让我专心听课。再过几分钟，咦？怎么没人报告了？我正奇怪，一看，他正侧过身把一只手搭到后面同学的桌子上，和那个

第三章 与孩子沟通的语言艺术

51

同学一起玩笔盒呢！有时候，他不玩了，也不骚扰周围的同学，但他就总应老师的话，老师讲一句他就在下面回一句，虽然不大声，但总能让你听得到。刚开始的时候也就是一年级，我能耐心地提醒他："神田优小朋友，你是一年级的小学生了哦，上课应该怎么坐呀？""乱动别人的东西不是好孩子。"……批评教育他收回了手，坐好了，但没用，几分钟后他又那样。后来，为了减少影响别的孩子听课，我就把他的座位换了，坐到角落里，这样他只能骚扰到三位孩子。以后，还隔三差五地跟他谈心，批评教育，一发现他犯毛病就严厉批评，也跟他的家长交流商量办法一起教育。可是，他就是改不了。终于，有一天，我忍无可忍了，因为那节课我已经提醒批评他好几次了，而且他的应嘴插话还改了内容，本来同学一起回答"对——"他却大声说："不对——"我气得不得了，用那种应该说是很吓人的眼光盯着他大声说："神田优，你站起来，今天给我说个明白，你为什么这么做？"他不站起来，而是斜着眼，口在一张一合地小声说着什么，当时我气得不得了，手都发抖了：他也太不给我面子了。我真要试试动粗能不能制服他了，刚好讲台上有一把直尺，我就用尺子狠狠地抽了他的手心，一边吼着：说，为什么！当然那节课是没法上了。下课后把他带回办公室，狠狠地把他继续批了一顿，完了再跟他讲道理，他呢，眼泪吧嗒吧嗒往下流，也认错了，也保证要改了，可是，第二天，他还是那样！

再后来，我就分析，说教讲道理甚至动武，都没效果，平时跟他谈话也了解到，他也知道这样是不对的，那么原因应该就在于：1、说难听点，是一种病态，医学术语上说的多动症，不受自己的控制。2、他的逆反心理强，你越批他，他就越犯得厉害。找出问题的症结后，我改变了方法，我就想，既然是一种病，他自己也不想生病，谁都不愿意自己生病，既然病了，那我们就不该跟病人发火，就谅解他包容他吧，随他搞小动作就当没看见，看见他专心听课举手发言，还要及时表扬他。另外，我找三个懂事的同学坐在他旁边，分别找这三个同学谈心：老师给你派任务，和老师一起帮助神田优改正缺点，以后他动你们的东西你们就当没看见让他动，照样专心听你们的课。这一次，情况终于好转了，他动别人，别人没反应，他觉得没意思也缩回了手。我也不盯着他找毛病，也因为我没有再为他的一个小动作批评他，所以

他没了对手,也斗不起来了。我们班的同学也学着我对他的那些小动作不予理睬,漠视他的这些小动作,不打他的小报告了。这样,我能顺顺当当地上完一节课了,他呢,明显地,小动作减少了。到现在,虽然,他还时不时犯那些小毛病,但我觉得我们关系更融洽了,应该说,他是个不错的学生,学习主动自觉,热爱班集体,还很有正义感,班上谁做得不好他会附和我批评人家,作为小组长他尽职尽责。

"爱是接纳,爱是付出,爱是责任",其实,父母也应该像这位老师一样,原谅孩子,相信孩子,鼓励孩子,才能使孩子在我们理性的期许中独立、茁壮。孩子好动,父母应该以宽容的心包容孩子无心犯下的错误,允许孩子有犯错的时候,并依据事实了解孩子犯错的动机;经常和孩子在一起玩,陪孩子聊天,可以了解孩子对事物的看法,并感受到孩子的情绪变化,倾听他的诉说;在一般情况下,孩子在絮絮叨叨地诉说某些事时,有时只是倾倒"情绪垃圾"而已,父母只要在一旁听就行了,顶多提出一些问题,引导他去思考。

伊索寓言有一则故事:风和太阳比赛,看谁能使披着斗篷的游客将斗篷脱掉。冷风拼命地吹,想吹掉斗篷,结果游客反而穿得比刚才又紧了一些。太阳出来了,暖洋洋地照着那位游客,没有多长时间,那位游客就自动地把斗篷除去了,坐在树荫下纳凉。

所以,为人父母在教育孩子的时候,一定要宽容,用专制、暴力的方法,对于问题的解决常常是无济于事的。只有温和、宽容地对待一切,采用适当、正确的方法,才能把事情办好。因此给孩子一些宽容,就会收获到耐心等待后的一份惊喜。

当孩子犯错误的时候,用谅解感化他们,远比打骂收到的效果要好得多。

必要的时候,甚至为孩子的错误和过失保密,以免其自尊心受到伤害。在这种情况下,有过失的孩子会像枯死的小幼苗又复苏过来,吸取教训,加倍努力,进步很快。家长们切记——谅解有时比惩罚更有力量。

不妨幽他一默

东方传统的家庭教育大都严肃多于宽容，从一些俗话便可见一斑，如"三天不打，上房揭瓦""棍棒底下出孝子"。在这种教育思想影响下，父母与孩子的关系往往弄得非常对立。殊不知，最好的家教应该略带一些幽默。

严肃的教训或说教不能解决的问题，幽默可以轻易化解。正读三年级的吉野因为迷上了武侠电视剧，天天冲冲打打，他的妈妈很担心。一天，吉野到超市里又买了一支新式玩具手枪，而家中的"武器"早已堆积如山了。吉野妈妈想，没完没了的唠叨或者怒目相向的责骂，孩子还会又哭又闹，不如就来一次幽默教育吧："儿子，你的军费开支也太大了，现在是和平时期，我们减少点军费支出如何？"儿子"扑哧"一声笑了，不但没有什么反抗，反而欣然同意不再买新的"武器"玩具。

家庭教育的方式多种多样，有的拍台拍凳，有的心平气和，也可以风趣幽默。任何教育的本质都在"教育"两字，无论哪一种方式，都离不开生活理念的灌输，但不同的灌输形式产生的效果大不相同。

心平气和式的教育能使孩子体会到自己与家长在人格上的平等，但因为语言平淡，不疼不痒，无法产生持久的效果；疾言厉色式的教育可以威慑孩子，但它容易让孩子产生对抗心理，是一种不得要领的教育方式。

幽默是家长与孩子沟通的有效方式，在教育孩子时，家长对孩子幽默一点，让孩子在开口一笑的同时，自然而然地接受你的理念。这样，幽默不仅是一种教育手段，实际上它还传达给孩子一种乐观开朗的精神状态。

如果不时来点幽默必定会起到很好的效果，幽默的家长比较容易和子女沟通，使孩子免去在大人面前的拘谨，又能使其在轻松的一笑中受到刻骨铭心的启迪。用智慧化解尴尬，用智慧教孩子读懂小事件背后的大道理，

乃至至善至美的境界。

苏联著名诗人米哈依尔·斯维特洛夫就是以幽默的方法教育孩子的高手。有一次,诗人回到家里,见一家人慌成一团,诗人的母亲正在给医院打电话请急救。原来诗人的小儿子舒拉为了想出风头,别出心裁地喝了半瓶墨水。诗人明白,墨水不至于使人中毒,用不着惊慌,这正是教育舒拉的好时机。于是,他轻松地问:"你真的喝了墨水?"舒拉得意地坐在那里,伸出带墨水的舌头,做了个怪相。

诗人一点儿不恼,从屋里拿出一沓吸墨水的纸来,对小儿子说:"现在没办法了,你只有把这些吸墨水的纸使劲嚼碎吞下去了!"一场虚惊就这样被诗人的一句幽默冲淡了,并在一家人的嬉笑中结束了。舒拉原想以此来成为家人的中心,但没有如愿,此后他再也没有犯过类似出风头的错误了。

孩子,特别是男孩子,有时会故意打破常规用异常行为来证明自己的勇敢,以引起别人的注意。遇到这种情况,做父母的最好借助幽默,用讽喻、轻松的口吻指出他行为的不正确,使他明白自己的错误,从而达到教育孩子的目的。

还有一个例子:有位母亲发现刚上初中的儿子衣袋里有半包香烟,她没有对儿子大加训斥,而是把香烟摆在儿子面前,和颜悦色地说:"你想学抽烟是不是?我把它的'好处'总结一下,若不全面你再补充:一是可防小偷,吸烟可以引起剧烈咳嗽,小偷知道有人在家就不敢轻易下手;二是节省衣料,长期吸烟终成驼背,身体'矮了',自然就节省布料;三是吸烟能使面色黄中带黑,演包公不用化装;四是永远不怕老,因为吸烟越厉害,活到老的可能性越小,这样就用不着怕老。"儿子听了母亲的这番话,不好意思地笑了,从此远离了香烟。

其实,幽默作为人际关系的润滑剂,在家庭教育中更是不可缺少的。它能有效消除孩子的逆反心理,缓解亲子之间的矛盾冲突,让孩子在由衷的笑声中感受爱心亲情,接受教育启迪,比单纯的说教更具有感染力和说服力。同时巧妙地营造幽默氛围,还有助于培养孩子乐观向上的处世态度,增强孩子的社交能力和语言表达能力。

家长需要注意的是,幽默绝非油腔滑调,强词夺理。幽默是一种含有理

智性、健康性与趣味性的心态和力量。家长要想寻得幽默教子良方,首先必须加强自身修养,努力丰富知识,使自己不仅具有高尚的情操、乐观的心态,而且更具有敏锐的观察力、丰富的想象力及较高的语言表达能力。

批评孩子的艺术

赏识教育能给孩子积极的动力,批评教育也能让孩子认识到自己的错误,并让孩子积极改正。可是父母们也要明白,批评孩子需要技巧,否则,批评会弄巧成拙——不仅不能达到教育孩子的目的,还会挫伤孩子的心灵。掌握批评的艺术,对家长来说很重要。家长可以从以下几个方面加以注意:

以正面引导为主

有些父母批评起孩子,张口闭口总是否定性语言,"你真没出息,你真不争气……"有的净是挖苦讽刺。如此责骂不休,真不知究竟要把孩子往正道上引,还是往邪路上推。正确的做法应该是,严肃认真地指出错误后,用肯定的语言,如"你是有出息的""肯定会争气"等,给予正确引导。任何批评,其根本目的在于激发起孩子好的行为。

作为父母,一定要在批评孩子的时候注意,他是一个人、一个孩子。

孩子有过错,理应批评,但其人格应受到尊重。批评应对事不对人,孩子和大人,被批评者和批评者,人格应该平等,批评可以严肃,甚至严厉,但这类似于镇痛药,用多了便失效。再者,避免当众批评。有的父母误认为当着他人的面数落一下孩子,会增强"激发"效果,殊不知,这样做最大的弊病是伤害了孩子的自尊心。

批评孩子不要做比较的责备。"哥哥像你这么大时都懂……而你却……""小妹都会做,你这么大了还不会呢。"也许有些父母认为,比较孩子之

间的好坏,没什么不对,但对年龄相仿的孩子,这样做只带来反效果。

"悄悄"地进行

批评是一种教育手段,也是一种微妙的教育艺术。高明的批评会产生意想不到的奇迹。

常常看到父母带孩子外出买东西,遇到孩子非要买一样东西时,有的父母就会大声训斥:"太贵了,不买!"有些孩子逆反心理极强,你越说不买,他越要买,有时赖在地上不走,更有甚者,干脆在大庭广众面前哭起来。结果呢,父母只好连哄带吓,甚至强拉硬拽地把孩子带出了商店。而有些父母采取悄悄批评的方式,轻轻地对孩子说:"你过来一下。"然后,带着微笑轻声地跟孩子交谈。开始孩子还反驳,一会儿,孩子就不做声了,愉快地接受了父母的建议。

父母可以从这两种方式中受到启发,在尊重孩子的前提下,轻声细语地和孩子讲道理,保护孩子的自尊心,这种"悄悄批评"的方式比大声、严厉地训斥更有威力。这是为什么呢?

一、避免了孩子在他人面前的难堪。父母采用耳语,弯下身讲话,甚至把孩子叫到僻静处说话,体现了对孩子的尊重、保护。如若大声训斥,一下子让孩子处于尴尬处境,即使有的孩子想承认错误,想放弃不恰当的主张,也一下子没台阶可下。所以父母越训斥,孩子越坚持自己的要求。

二、体现出父母与孩子友好协商的姿态,让孩子感到最终做出的决定是自己思考的结果,并不是父母强加给他的。

三、能保持父母与孩子的亲密关系。许多父母大声训斥或批评孩子之后,都会难受半天,一方面是孩子的行为让自己生气,另一方面总后悔不该发火。其实,即使父母的意见完全正确,也不应该肆意地当众训斥或大声责备孩子,而应该让孩子觉得父母始终是最可信任的亲人。

其实,"悄悄"批评是家庭教育中一种艺术化的教育方法,父母们只要细心体会,学会克制,是不难掌握的。

掌握好时机

孩子一旦有错,批评应及时进行。如孩子作业做得不认真,应该要求他立即重做;如书本、作业本被撕坏了,要求他立即粘补等等。

妈妈常对孩子叫的那句"爸爸回家后就有你瞧的啦"的口头禅,并不适合实际情形。尤其是对孩子来说,这就更坏。因为孩子没什么时间观念,等到他被批评时,他早忘了受批的原因了。大一点的孩子如犯了重大错误也需要立刻处罚。母亲如果能立刻把父亲叫回家来,父亲当场批评要比等他下班回家来再批评有效。

当然,所谓及时批评也应视年龄特点及错误性质有个时间跨度,要抓住时机"冷处理"。

对一些好胜或者倔强的孩子,有时不妨故意冷淡一下,使之感到无声的批评,从而反省自己的过失。

父母在气头上教育孩子时,难免会有一场暴风骤雨,给孩子的心灵极大摧残。此时应先忍一忍,等自己冷静后再选择适当的时间、适当的地点、适当的方式教育孩子。

要相互配合

家人批评孩子的方式要统一,譬如,祖父母认为:"孩子想吃饼干糖果就让他吃嘛。"妈妈却不准,理由是:"快吃饭了。"祖孙三代的教养观念,常不一致,让孩子无所适从,会造成再怎么样的批评也没有效果。

孩子有了过错,爸爸批,妈妈护,岂不效果相互抵消,何谈教育?当然,父母对孩子的批评方式可有差别,但必须口径一致,配合默契。

在批评孩子时,父母的态度必须一致。即使父母双方对是否应该批评孩子有不同看法,也必须注意决不当着孩子的面发生争执,而是应在事后相互提醒或讨论,以求统一认识。在孩子面前,父母的态度要一致是绝对必要的,要让孩子很明确地感觉到,施罚是父母双方一致的意见,这样才能收到预期的效果。

第四章

创造良好的沟通环境

营造和谐的家庭氛围

家庭是孩子的第一所学校,父母是孩子的第一任老师,营造一个和谐的家庭心理氛围是促进孩子身心健康发展的首要因素。无数事实证明,只有营造一个健康、活跃的家庭心理氛围,才会增强孩子的生活乐趣和自信心,促进孩子认知、情感、品德的健康发展。

可是,现在的家长在自己走过的人生历程中都留有许多遗憾,因此把所有的希望都寄托在自己的孩子身上,但当父母尽其所能把一切条件都无私地提供给孩子的时候,我们的孩子并没有知足,他们根本不能理解希望的沉重。在他们眼里这些都很正常,做爸爸、妈妈就应该这样。孩子们回报父母的是无止境的、加码的索取,比吃穿,讲虚荣,学习上遇到困难不克服,不愿意吃苦,只图安逸,这让做父母的非常失望。耐心说教——不听,严厉训斥——没用,棍棒相加——不解决问题,加之父母在其他方面遇到一些不顺心或恼火的事再借题发挥,使得家庭中火药味甚浓。这时孩子眼中的父母变了,孩子心中的"家"没有意思了。随着孩子年龄的增长,社会上不良因素的影响,家庭教育越感无力,发展下去就有孩子出走的、自杀

的、犯罪的等各种情况发生,真是让人痛心。

针对这些问题我们想,家长给予孩子的到底应该是什么?是物质的满足?精神的享受?优越的条件?还是和谐的家庭氛围……

通常,和谐的家庭氛围可以使孩子心不浮,气不躁;和谐的家庭氛围会使孩子用一颗平常的心善待他的周围,有个良好的心态去面对他的学业。因此作为家长,作为一个有文化素养的家长,首先应给予孩子的是一个和谐的家庭氛围,教孩子坦坦荡荡地做人。

孩子是家庭中的一员,我们应尊重他的人格,爱护他的自尊,呵护他一些幼稚的见解,引导他具有健康的、积极向上的奋发精神,给予他在家庭中平等的地位,听取他合理的建议,提供给他生存的基本条件,希冀的是母子"同心"也能"同德",让孩子能够"我爱我家"。只有如此和谐的家庭氛围,家庭才有吸引力,才能把孩子的心稳住,他才能全身心地投入到学习中去。

那么,家长怎样做,才能营造一个和谐健康的家庭环境呢?

一、要有以身作则的榜样

首先,父母的一言一行、一举一动对孩子起着潜移默化的作用,家长言语举止文明得体,自然会成为孩子的楷模,促使孩子的健康成长。其次,在信息不断发展的今天,作为家长要不断学习新的知识,掌握科学的育儿方式,以适应这飞速发展的时代,配合好学校教育。另外,家长也要重视心理的健康发展,因为生活的每一天不可能都是风平浪静的,如果做父母的经常怀着不平心态面对人生,对孩子的成长是极为不利的。相反,能调整好自己的心态,以积极良好的态度面对生活,为孩子做出榜样,能从小培养孩子承受挫折的心理和自信心等,而这些心理品质对孩子来说终身受益。

二、培养孩子的综合素质

孩子的成长具有各不相同的特点,它不是一步登天的,而是一个循序渐进的过程。作为家长要尊重孩子的人格,根据孩子的年龄特点兴趣特长进行教育,不仅仅偏重智育,更要关心孩子的心灵,去倾听他们的心声,参

与孩子的活动,从中发现一个更广阔的天地,也容易被孩子接受,从而培养出具有自信心、负责心、良好的人际关系等良好心理品质的孩子。

三、父母的期望要适当、切实

父母对孩子有无期望,对家庭心理氛围的形成有着重要意义。如果父母对孩子无所期望,听之任之,就会形成忽视、冷漠型的家庭心理氛围。如果父母对孩子期望过高并采取严厉的手段要求孩子达到无法达到的目的,那就有可能形成严厉、抗争型的家庭心理氛围,这些心理氛围均会对孩子的品质产生不良影响。只有当父母对孩子报以适切的期望时,才会有良好的家庭心理氛围,才能使孩子轻松愉快地掌握知识、培养能力,实现父母的期望。所谓适切即适当和切实,父母的期望既要适合孩子的身心发展规律,又要切合孩子的特点,从自己的孩子的实际出发,不攀比,不揠苗助长,否则会使孩子产生逆反心理,采取极端方式反对父母的意志。

四、尊重孩子的独立人格

亲子关系是影响孩子发展至关重要的因素,孩子不仅需要家长的关爱和呵护,更需要家长的理解与尊重,但有些家长望子成龙、望女成凤心切,一味向孩子灌输知识,强迫孩子学习,而不善于在和孩子一起游戏的过程中促进孩子身心发展。做家长的其实应该意识到,孩子具有独立人格,他并不依附于任何人,也不是任何人未竟事业的替代者。只有具备这样的儿童观,我们才可能正确认识我们和孩子之间的关系。给予他们足够的爱护、关心、理解和信任,只有这样,才有利于培养孩子健全的人格,陶冶孩子的情操。

五、引导孩子体验生活

从某种意义上说,人世间的许多罪恶,源于悲观压抑的生活,如果家长整天愁容满面,把工作中的所有不快乐因素统统带回家,动不动就大喊大叫,摔碟子摔碗,歌声不闻,幽默尽失,亲情不复,欢乐不再,这样的家庭只能培养出忧郁多愁的孩子。至于天天唠唠叨叨,恨不得把孩子拴在书桌前

面,把孩子每一天的生活都纳入自己设置的轨道,会让孩子失去自己设计的能力和主动学习的热情,渐渐变得僵硬和刻板,其内在的动力和创造力也会消失殆尽。事情往往就是这样,你越是严肃,就越不能诱发思维灵感的闪现;越是重视成绩,就越容易扼杀孩子自由的天性和勃勃生机,让孩子在与朋友交往中学会为人处世,在与亲戚交往中懂得人情风俗,在与家长共同操持家务中学会生活自理。不要把读书当作孩子成长的唯一路径,因为生活本身就是一本大书,与孩子一起体验生活,让生活充满快乐因子,是引导孩子热爱生活、热爱生命的重要途径。

六、摒弃"餐桌教育"

一些家长由于自己工作较忙,平时与孩子接触的时间较少,会自然而然地想利用吃饭时间把平时欠缺的教育孩子的时机弥补回来,于是,一端起饭碗,家长就开始追问孩子的功课,检查孩子的成绩,数落孩子的过错,没完没了,训得孩子愁眉苦脸,哭哭啼啼,家长还自以为称职,自以为有效。殊不知,这种"餐桌教育"害处实在太多,它会使孩子情绪低落,它往往会加深两代人之间的隔阂,让家庭气氛也越来越紧张。其实每天吃饭的时候,一家人应共同营造一种轻松自如的气氛,大家各谈各的趣事,有说有笑,在毫无压力的情况之下,来和父母探讨,这时候,父母的意见孩子也特别能听得进去,这样,既教育了孩子,又增进了彼此之间的理解,使亲子关系更加融洽,何乐而不为呢?

总之,家长在运用科学的方法教育孩子的同时,也会使自己获得提高。托尔斯泰说过,教育孩子的实质在于教育家长自己。家长如果具有高尚的情操、高雅的情趣、强烈的事业心、健康的身心和文明举止,那么,这些良好的品质必定会激励孩子,促使家庭心理氛围的积极向上,使孩子身心健康发展。

给孩子发言的机会

我们相信,父母都是爱孩子的。但是,同样是爱,结果却是大不相同。对孩子的教育过程中,许多家长对孩子讲话时总是用训斥的口气,要求孩子做事情时则用命令的方式,但在孩子想说话时,家长不是粗暴地打断,就是不理不睬,这是很糟糕的情况。孩子虽小,但也有自己的想法和主张,一旦孩子的话语权被长期压制,孩子成熟后的个性通常会有明显的缺陷。

对于幼小的孩子来说,他们的依赖性当然更强。作为一家之主,应为家庭教育营造温馨而宁静的气氛,还要为孩子做出绝大多数的决定,为他们的生活和学习做出最终的裁断。在孩子眼里,父母就是法官,是陪审团。父母对孩子的调教和管理应该温和而友善。

孩子每天该吃什么,几时就寝,何时上学……孩子自己并不能决定,而都要由父母来做出善意性的"独裁式"安排,因为父母更清楚什么对他们真正有好处。父母还要不惜代价,实施自己对于孩子的愿望,让它们在孩子身上开花结果。这是父母的权利,也是父母的义务。即使小家伙们有时难以接受,不喜欢这样那样的安排,父母也要坚持原则和立场。

这并没有不妥之处。

可是许多的现代家庭里,也存在不好的现象。一方面,父母对孩子很娇惯,对孩子的物质要求有求必应;另一方面,父母却从不把孩子当作一个有思想、有主见的人,也不考虑对孩子的做法是否恰当,孩子可能会有什么想法。因为他们是家长,就似乎一切做法都是应该的、合理的。不少孩子反映:每当我和父母的意见不一致时,他们往往喜欢以势压人,不让我说话。还有些似是而非的批评,其实根本不是那么回事。

当家长和孩子有矛盾冲突时,很多家长的做法是,不允许孩子发表自

己的意见，不调查问题的来龙去脉，不等孩子讲完话，就主观臆断地下结论，一味地大发脾气，以势压人，这样的行为怎么能让孩子心平气和地和家长交流思想呢？父母应该给孩子一个说话的机会。

对孩子采取简单粗暴的专制管教形式，事事都要过问和干涉，希望孩子越温顺、越听话越好，不给孩子说话的机会，剥夺孩子说话的权利，一味让孩子听话，这样过分的管教恰恰会害了孩子。

有一个孩子叫美子，是小学五年级的学生。可是，她却不善于语言表达，在众人面前，一说话就脸红。孩子为什么会如此的扭捏呢？

原因是美子父母的一套教育、管理孩子的办法。如果有客人来美子家做客，美子的父母就会要求孩子要有礼貌，要懂事，在大人们说话的时候，小孩子不许乱插嘴，最好是到别的地方去玩，让大人们清静地说话。即使是只有一家三口的时候，美子也通常没有完全自由表达的权利，她的话总是时常被打断。

其实，父母的这种做法，对孩子是十分不利的，如果当孩子正在兴高采烈地说着什么时，父母却不时地打断孩子，还纠正他的发音、用词，或者批评他的某个想法等，这些都会令孩子兴味全无。即使是成人，当自己的发言屡遭别人打断或反驳时，也会兴致大伤，缄口不言。因此，这种做法必然会影响孩子个性和能力的发展。多数孩子会逐渐变得不愿独立思考、自主行事。这很自然，既然动脑子出主意受到批评指责，又何必自讨苦吃呢？

可是，正如例子中所说的，家长不时地打断孩子的讲话，甚至阻止孩

讲话,不给孩子发言的机会,不把孩子当成有思想的人,也就不会用心去体会孩子的思想,去了解孩子内心的想法,而他们还会认为自己是尽到了他们管教子女的责任。

于是到后来,这样的父母往往会抱怨说:"这孩子怎么不像别人家的小孩儿那么灵?""这孩子怎么反应这么迟钝啊!""他一点儿主见也没有,到底该怎么办,他自己竟然不知道。"可是,这一切又都能怪谁呢?家长只能自食其果。

父母打断孩子的话,或阻止孩子讲话,使孩子的思想表达不出来,使孩子的意见不能发表出来,这样父母不能了解孩子,不能给予孩子恰当的指导,这对孩子的成长极为不利。一些孩子变得不善口头表达,变得没有主见、怯懦、退缩,而另外一些孩子却变得独断、盲动,听不进别人的意见。

如果一味地抑制孩子,不让他说出自己心里的想法,孩子就会本能地产生委屈的感觉,进而伤心、怨恨。他会把这种委屈发泄到其他的对象上,或者去想各种好玩的事情来摆脱这种情绪。这往往就是导致孩子淘气的原因。

教育专家认为,如果孩子想要对某件事进行辩解,而时机又不合适,明智的父母应该这样说:"对不起,现在我很忙,但我一定会听你的解释,等我有时间咱们再慢慢谈,好吗?"想想吧,这对孩子来说无疑是大旱甘霖,他不但不委屈、怨恨,反而信心大增,并会想自己是不是有什么地方的确做得不妥。孩子的这种说话权利如受到别人的尊重,一般会增强他的自信心和荣誉感,他反而会注意别人的权利是否也被自己尊重,从而自治能力增强。

家长们,一定要懂得把自己的孩子当成是一个有思想的独立个体,给孩子对等的地位,尊重孩子说话的权利。教育学家认为,只有平等的、民主的家庭才能产生具有独立意识、乐观积极的孩子,而专制的家庭只能培养出唯唯诺诺的庸才。

反对这种观点的人,唯一的理由可能会说,他只是一个孩子,就应该听家长的话,应该服从家长。而赞同这个观点的人会说,他是未来的成人,教育的所有目的不正是要使受教育者去适应未来的生活,成为未来的成人吗?

"你有说话的权利",父母要把这句话告诉给孩子,并且尽可能表达得亲切、美妙、动人。这时你真的会看到孩子身上出现的令人鼓舞的情形,不管这个孩子是成绩差的,还是成绩好的;是听话、温柔的,还是顽皮的。而对于那些没有教养的孩子,当你这样说时,教育就开始了。

　　把孩子当作自己的朋友必须赋予其发言权,不管他的言谈是否正确,想法是否单纯。传统的家庭观念中,孩子几乎没有发言权、参与权、选择权。不少孩子自身的事都要由父母说了算,从小父母就给孩子设计了"成才之路",上这个兴趣班,上那个补习班,全然不问孩子的感受和想法。处于这种状态下,父母的权威就会渐渐削弱,对孩子的教育效果就会大打折扣,最后造成的后果就是使孩子离自己越来越远,越来越不懂"他们到底想怎么样"。

　　聪明的父母应该懂得给孩子一个说话的机会,不管孩子说什么,都应该让他把话说完。有些家长正在气头上,没有听完孩子的话就发脾气,事后一定要向孩子道歉。事实证明,给孩子说话的机会,是一种成功的育儿方法。

呼唤平等民主的家庭关系

　　家庭的平等民主和对孩子的尊重是亲子间良好沟通的前提。很多家长在教育子女问题上是"依据自己的想法"和"夫妻间商量的结果",较少考虑教育的原理和孩子自己的想法,因此,改变家庭权力的定位状况,是推进亲子沟通的基础。家长学会理解孩子、倾听孩子的心声、欣赏鼓励孩子、培养孩子的自尊是掌握沟通技巧的关键。

　　在生活中,父母对孩子的关心与帮助,对孩子人格的尊重与信赖,可引发孩子内心深处的真诚感激,并努力按照父母的要求去做。这样日久天长,

父母和孩子之间就会形成一种亲密关系,父母在孩子的心目中,也就自然而然地具备了一种建立在威信基础上的巨大教育力量。由此,创建民主的家庭氛围,不仅不会有损父母的威信,相反,更有利于亲子间实现有效沟通,让孩子成为自信、自强、有道德、有能力的人。

在民主的家庭里,父母的威信是父母和孩子之间一种积极的肯定的相互关系。这种关系的基础是父母对孩子的尊重与孩子对父母的爱戴,不是训斥与听命、支配与服从的封建君主专制的威信。

然而,今天有些家长还有这样的想法,诚如鲁迅先生所说"他们以为父对于子,有绝对的权力和威严;若是老子说话,当然无所不可,儿子有话,却在未说之前早已错了。"他们的封建思想还很严重,他们仍旧认为自己是"一家之主",享有特权,可以对子女任意发号施令。对待子女的质疑,他们的回答是:因为我是爸爸(妈妈),我说不行就不行。他们对子女想说什么就说什么,想怎么说就怎么说,想怎样处置就怎样处置,不允许子女辩驳。

这对子女势必造成不良影响。有些孩子好逞威风,以强凌弱,跟家长、老师顶撞,这些往往是由于他们在家里受到了不公平的待遇和强权的压制,而出现的一种寻求平衡的变态心理。他们是用这种"蛮不讲理"作为对家长"蛮不讲理"的一种发泄或报复。

一些家长常困惑地问:"为什么孩子有话不愿意对我说?"其实原因就是这些家长总是一副高高在上的样子,因此孩子们尊敬他们,但却无法理解他们,总觉得跟父母缺少"共同语言"。如果父母期望孩子接受自己,想创造民主、和谐、友好的家庭环境,就必须平等地做孩子的朋友。要做好孩子的朋友,家长就应该了解孩子、理解孩子,而平等交流是了解、理解孩子的最好手段。

杰克和凯瑟琳是美国阿肯色州的自由职业者,他们在教育孩子方面下了很多功夫。他们说自己一直在努力为孩子提供一种民主的家庭气氛,他们和孩子的关系就像朋友一样友好亲密。

他们把孩子描述理想的作文保留下来,把孩子的学习成绩、身高等按逐年变化绘制成曲线图,从小就教他们唱歌、游泳、划船、钓鱼,带他们到博物馆参观、看展览、看歌剧,有空还带他们到大自然中去呼吸新鲜空气……

在各种活动中，他们不因为自己是孩子的家长就说一不二，或摆出什么都对、什么都懂的样子，而是做能给予孩子知识和欢乐的最知心、最亲密、最可信赖的朋友。遇到比如搬家、换工作、买车之类的事情时，他们就会召开家庭会议，和孩子商量该怎么做，还组织家庭音乐会，并将每个人唱的歌曲录制在磁带中。由于家庭气氛民主和谐，孩子们生活得无忧无虑。

爱是家庭关系最基本的情感，人们很容易做到爱孩子，但很难做到尊重孩子。父母对孩子的爱首先要考虑孩子是否需要你的支持和帮助，否则，你的所作所为就可能使孩子觉得自己不被尊重。孩子长大后就会对父母一如既往的"爱"反感和拒绝。如果父母在爱中不加大尊重的比例，不增添民主的浓度，那么，父母和孩子间很难有亲密的关系，亲子间也就很难实现有效的沟通，严重时会导致意想不到的后果。

其实，有效的家庭教育、互相尊重、互相理解是创造民主平等家庭的基础。

一、要有理。应该帮助孩子理解遵守家规的必要性，使孩子懂得服从规则会给自己和别人带来什么好处，增强孩子遵守规则的自觉性，成为执行规则的主人。如，学习用具收放整齐是为了保护用具的完整和干净；不能打人骂人是因为打人骂人会给别人带来痛苦，而别人也不再乐意和自己友好相处……诸如此类的道理孩子是完全可以接受的。只有懂得了道理，孩子才会有遵守规则的愿望，使孩子感到不是家长在管着他，而是帮他实现愿望。

二、要有格。为孩子定的规则应该是最必要的，经过努力可以达到的，不能太多、太复杂，待一批规则掌握并能认真完成后再增添新的。家庭中孩子应遵守的规则，首先是生活作息制度，如要求孩子按时起床、睡觉、吃饭等。每项活动应按规则行事，如饭前要洗手，吃饭时不能乱跑；睡觉时能按次序脱衣服、鞋袜，并把它放在固定的地方。家庭里还要为孩子确立一些文明行为规则，如对父母、老人要尊敬；对小朋友要友好，不能打人、骂人；能和他人分享玩具、食物，不独占独吃；不是自己的东西，没有得到别人的允许不能随意动用等等。家长还要向孩子灌输社会公德，如不准随地吐痰、乱抛果皮纸屑等。

三、要有情。执行家规要富有情趣,要多运用直观、形象的方式方法给孩子讲道理。家规教育中始终贯穿着情感的体验,如对家庭成员的热爱,对小朋友的友好,并有对自己行为后果的感受力等。如,家里来了客人,孩子会主动问好。帮着大人招待客人,渲染了热情温暖的家庭气氛,客人们赞不绝口,孩子也从中感受到了最大愉快,因而更加稳固了他的良好习惯。

家庭是孩子们最重要的生活环境。孩子只有在充满民主、平等的家庭关系中才能健康快乐地成长。如果我们做父母的,自恃是子女的父母、长辈,就摆出一副家长的架子,对子女不讲民主,不讲平等,不讲道理,以势压人,以强凌弱,不尊重子女的人格,压制子女个性的发展,会对子女的成长很不利,弄不好还会使子女产生心理上的疾病。

创造利于成长学习的环境

首先,做一个小测试,看看您的家庭环境是否有利于孩子的发展。问卷共12个题目,看看自己能否做到,每一道题的回答分为3种:完全肯定的、不完全肯定的、否定的。问题是:

1. 我们家每个成员都对家庭承担义务,每人至少有一件必须按时做的事。

2. 大家都按一定的时间吃饭、睡觉、娱乐、工作和学习。

3. 孩子的课外作业和阅读放在游戏、看电视或其他事之前进行。

4. 孩子功课做得好,或者成绩优良、有进步,家长就给予表扬。

5. 孩子有一个安静的学习环境,有做功课的书桌,还有学习资料和其他书籍。

6. 父母和孩子一起谈论新闻、读过的书、看过的电影或电视节目。

7. 经常带孩子去博物馆、动物园、图书馆、历史遗址等有意义的地方。

8．鼓励孩子使用优美的语言,给他纠正错误的字句,并帮助他掌握新词。

9．每天晚饭或其他全家聚集时间,共同谈论当天发生的事,同时认真倾听别人的谈话。

10．知道孩子目前的老师是谁,孩子在学校做了些什么,现在用什么课本。

11．了解孩子的长处和缺点,能在他需要的时候给予鼓励和特别的帮助。

12．和孩子谈谈将来,谈谈中学、大学,谈谈进一步教育的打算和将来的工作等。

每道题的答案如果是完全肯定的,得 2 分;不完全肯定的,得 1 分;否定的,不得分。

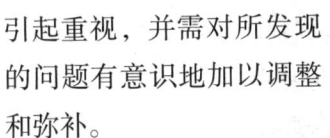

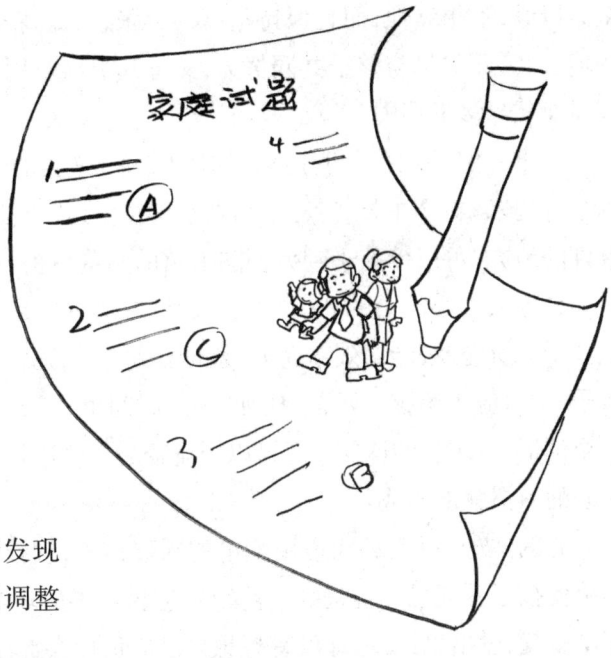

测试结果,如果得分在 10 分以上,说明您的家庭环境处于上等;6 分以下处于下等;6 分至 10 分之间,属于中等。处在中下等的家庭,一定要注意了,这说明您的家庭环境存在某些问题,需要引起重视,并需对所发现的问题有意识地加以调整和弥补。

那么,怎样才能营造环境帮助孩子成长呢?首先是父母要带头学习,成为学习的主体。因为在高科技发展的社会里,父母与孩子在新知识面前几乎处在同一起跑线上。做父母的只有"爱学"、"乐学"、"善学",才能与时俱

进,成为合格的父母。"只要孩子好好学习,不要自己天天向上"的父母是不受孩子欢迎的父母。以牺牲自己的学习,放弃自己对知识追求为代价,而只关注孩子的衣食住行,也许是给孩子最可怕的礼物。父母的自身学习及与孩子的沟通分享是给孩子最美味的"心灵鸡汤"。孩子的生命素质中不可缺少来自父母的精神和文化的养分。其次是要为孩子学习创造必要的硬件学习环境,要有固定的学习时间。在固定的学习时间内,父母要和孩子一起学习,一起交流,在家庭中创造浓厚的学习气氛,养成孩子以学为乐的良好习惯,为和孩子更好的沟通打下基础。

学习是一项艰苦的脑力劳动,需要踏实、专心,最忌讳浮躁、脑力不集中。一个孩子在家里学习的时候,必须"入境""入静",做到目的明确、思想集中、心里踏实、适度紧张。一坐到书桌前,先想一想要干几件事,安排好先干什么后干什么,避免忙忙乱乱,自己给自己造成不踏实。每干一件事,就全力以赴,不想其他,而且保持适度的紧张感,提高学习效率。要达到这样的境界,需要父母与孩子共同努力,父母起引导作用。越是年龄小的孩子,越需要父母多下功夫。

父母一定要让孩子明白学习必须专心、踏实的道理,应该把沟通与训练结合起来。古今中外,专心学习的故事很多,找给孩子看,讲给孩子听。有条件的地方,可以带孩子到大型图书馆的阅览室去看书、阅报刊,让孩子感受那种人人专心读书的环境气氛。训练方法主要是定时、定任务、定要求,让孩子力所能及,能高效率完成,亲自尝到专心读书学习的甜头。年龄小的孩子,父母应该给孩子示范,比如,一定时间里,工工整整写多少个字、记多少个词语、背多长的课文。还可以用竞赛的方法进行训练。坚持一段时间,专心的习惯就能养成。

有的父母,每天只知道用简单的话催孩子,训孩子,而没有训练孩子,结果使孩子养成马马虎虎、潦潦草草、应付差事的坏习惯,反过来又埋怨孩子不争气、没出息,父母却没有想想自己应负什么责任。如果孩子已经不能"入境""入静",父母先得反省一下自己的做法有什么毛病,不能一味地说孩子不好。然后,改变自己的做法,明理导行,帮助孩子改变不良习惯。

父母有必要给孩子预备固定的学习桌椅,桌椅的位置不能乱动。学习

最忌讳"打游击",一会儿在这里写作业,一会儿又哄到别处去。桌椅固定,孩子容易形成专心学习的心理定势,一进入这个环境,脑子就进入学习状态。父母们都知道马克思在大英图书馆读书的故事,为什么他每天固定在一个座位上?就是为了更专心读书学习,时间长了,脚下的地板磨出了凹沟。

桌子上不能乱七八糟地放东西,应整齐地放课本、作业本、文具以及必要的工具书,旁边有一个小书架、书箱更好。桌子上和桌子旁边绝不要放玩具、零食,以免干扰学习。

房间布置要适合孩子学习。孩子的房间布置应简洁、明快,摆放物品不能太多太杂。墙壁以淡色为好,不要贴、挂很多东西,应该有一条关于学习的格言或座右铭,最好由孩子自己选择。有的父母让孩子从自己的实际出发,自己编写格言、警句,抄好贴在墙上,这个办法可以借鉴。

房间的布置适当考虑孩子的个性特点。比如有的孩子特别好动,房间就应减少大红大绿、花色斑驳的东西,以免助长不稳定的情绪。有的孩子过于内向、沉闷,房间的布置反而需要热烈、活泼一些。

在孩子学习时保持安静的环境。孩子学习时,家人尽量保持安静,电视、收音机最好不开。如果在不同的房间,应把门关好,声音调小。说话不应大声,尤其不要吵架。家里人最好有共同学习的时间。如果条件允许,每天晚上几点到几点,全家人都同时学习,有的读书,有的看报刊,有的写东西。

允许孩子与自己辩论

德国汉堡有位心理学家通过多年的实验观察后证实:"两代人之间的争辩,对于下一代来说,是走向成人之路的重要一步。"而心理学家经过调查研究也验证:在反抗期,能同父母进行真正争辩的孩子,将来会比较自信,也富有创造力。孩子与父母争辩,在成长历程中至少有两点益处。

刺激智力的发展。这是促成孩子和父母争辩的直接原因,是他们语言能力的进步和参与意识的觉醒。在争论时,孩子必须根据自己对环境的观察分析,选择并运用学到的语汇和表达方式,试图有条理地表达自己的欲望、观点,挑战父母,这将大大刺激孩子语言能力的发展。而且,通过争辩,孩子可以学到争论、辩论的逻辑技巧,这对孩子日后思维的发展是有利的。

帮助形成个人意志。心理学家认为,争执能帮助孩子变得自信和独立。在争辩中,孩子会感觉到自己受到重视,知道应该怎样表达才能实现自己的意志。争执也表明孩子自我意识的觉悟,正在尝试着走自己的路。孩子在与父母争辩后发现,父母并非总是正确的。辩论的胜利,无疑使孩子获得一种快感和成就感,既让孩子有了估量自己能力的机会,也锻炼了他们的意志力。

因此,明智的父母通常不把自己的意志简单地强加在孩子身上,而是为孩子的争辩创造了一种宽松、平等的氛围。在争辩的过程中,父母应循循善诱,以理服人,不要简单地把孩子的争辩看作是对长辈的不敬。

但是,现实的情况是,父母总觉得小孩子见识少、阅历浅、不成熟,又是自己生养的,于是形成了"大人说话小孩子听"的定论。不少家长不允许孩子与大人争辩,他们奉行"父母之命"的教义。孩子只能对大人的话"言听计从",是决不允许与父母拌嘴、争辩的,否则就是"大逆不道"。

而随着孩子年龄的不断增长,父母与孩子之间的矛盾也会日趋增多,而由此引发的争辩也就成了家庭中常见的现象。对于孩子们的争辩,许多父母往往不能正确地看待,甚至不能容忍,认为这是孩子不听话、不孝顺,

每每遇到这种情况,总会正颜厉色地加以扼制。长此下去,孩子就会与父母产生对抗情绪,造成对父母的不信任,进一步使沟通困难。

无数事实表明:争辩是在孩子与父母谈话中,孩子最来劲、最高兴、最认真的时候时常发生的事。这只有在家庭民主的空气浓、关系和谐时才能出现。一个家庭如果父母角色意识太强,清规戒律太多,你想与孩子争辩恐怕都办不到。因此,孩子与父母争辩,不要怕丢了父母的面子,不要担心孩子不听话,不尊重你,与你为难。孩子也是讲道理的。你与孩子争辩,孩子觉得你讲正义、讲道理,他会打心眼儿里更加爱你,亲你,信赖你,尊重你。你要孩子做的事,他通过争辩弄明白了,会心悦诚服地去做。你有难题,孩子参与争辩,也能启发你。这有什么不好呢?

对孩子来说,与父母争辩是一种自信、自立、自尊、自强的表现,是一种心理的宣泄。正如某些心理学研究者所说:"争执能帮助孩子变得自信和独立,在对抗中他们感觉到自己受到重视,知道怎样才能贯彻自己的意志。"

提倡父母与孩子争辩,而不是阻拦、限制、放弃、回避、不理睬。争辩表明孩子在走自己的路,认真思考问题,次数多了,他们会明白父母并不是样样都正确。

父母与孩子争辩,孩子能弄清是非曲直,学习一些知识,学会估量自己,了解自己的能力,养成实事求是、坚持真理、以理服人、平等公正的好品质,形成好的人格。

父母与孩子争辩,能活跃家庭气氛,在感情交流、思想沟通中,表现了一种亲情和友爱,拌嘴、争辩是重视对方的一种方式。它能促使孩子体验父母情感的变化,正确对待父母和自己,正确对待所辩的问题,化解矛盾,获得共识。如果一个孩子从不与人争辩,总是与世无争,那么,他的勇气、进取心、正义感等就值得怀疑了。

与孩子沟通时注意语气

　　成功的家教与父母的言语表达息息相关。尤其是父母跟孩子说话的语气,将对孩子的情商、智商、气质、修养产生深刻的影响。

　　父母与孩子的交流应该以尊重为前提,可以积极引导而不是训导。做父母的可以反省一下,自己经常用一种语调同孩子讲话,而我们是决不会用同样的语调来同朋友交谈的。如果自己把对孩子讲过的话录下音来,认真地听一听自己的声音,就会发现在很多情况下我们并不尊重孩子。父母总是以教训的口气,哄人的口气,引诱的口气来赢得与孩子们的合作。这种情况下,孩子们即使和父母合作也不是发自内心的。

　　如果有的父母认识到自己的语调是错误的,便应该改变自己,以平等的、朋友似的谈话口气,来与孩子交谈,更能顺利地与自己的孩子沟通。

　　有些父母受传统观念的影响,认为"我是父母,你是孩子,孩子听父母的话是天经地义的事",因而动辄以父母的口吻,居高临下地对孩子说话。殊不知,这是亲子之间良好沟通之大忌。做父母的应该更新观念、放下架子,与孩子沟通时多些平等、民主。比如,可以问孩子:"这件事这样办你觉得怎么样?"等等。一旦孩子觉得父母尊重他,把他当朋友看,他就会与父母拉近距离,也把父母当知心朋友,如此,进行沟通也就水到渠成了。

　　作为父母,我们的责任是引导孩子,我们需要检查自己是怎样引导孩子的。要正确引导孩子,应对他们有细致的观察,了解他们的行为目的、情感愿望,如果我们感觉到他们想什么,就对他们有了更深的理解。这个并不难,因为孩子们从孩子时期起就在无拘无束地表达自己。如果我们总在批评他们、教训他们、告诫他们、挑他们的毛病,他们会由此加深苦恼,认为是父母不爱他们、讨厌他们,无形中和父母之间有了距离,这样的话,慢慢地交流的大门就关上了。

父母和孩子交流时,要站在同一高度。在沟通的时候,也一定要记住,如果你是在训导孩子,你使孩子做到的通常与你训导所引导的方向相反。

那么,和孩子沟通正确的应该是什么样的语气呢?

信任的语气。孩子希望得到成人特别是父母的信任,所以对孩子说话时要表现出充分的信任。如孩子想学打羽毛球,你用信赖的语气说:"我相信你只要努力学,认真学,一定能学会打球的。"这无形中就给了孩子一份自信,并让他明白,只有坚持才能获得成功。假如用的是挖苦的语气:"就你这样三分钟热情还想打球啊?"就会给孩子的自尊心带来伤害,令他对自己的能力产生不自信。

尊重的语气。从两三岁起,孩子的自我意识就开始萌芽,随着年龄的增长这种自我意识会愈发强烈。孩子有了自己的一些主见,说明孩子知道了自己的力量和能力。当他提出自己的看法和要求时,不要认为是他不听你的话,跟你对着干,而粗暴地反对他。如你要求孩子学英语,可他还想再跟小伙伴玩一会儿,你不能发脾气:"越大越不听话了。不好好学习,看你长大了能干什么。"这样做只会让孩子更加厌恶学习。应该用尊重的语气:"那你再玩一会儿,不过,玩完了,可一定要学英语。"孩子就比较乐于接受了。

商量的语气。每个孩子都是有自尊心的。要孩子去做某件事情,可用商量的语气,让他明白,他跟你是平等的,你是尊重他的。比如,你想要孩子把地上乱丢的玩具收拾整理一下,可以这么说:"吉川,玩具乱丢,多不好的习惯啊,你跟妈妈一起把玩具收拾一下好吗?"千万不要用命令的语气:"你怎么搞的,玩具乱丢,快点去收拾好!"否则,孩子听你责备,心里就会产生反感,即使按你的要求去做,也是不开心的。

赞赏的语气。每个孩子都有优点,都有表现欲,发现孩子的优点并加以赞赏,会让他更加乐于表现。孩子画了一幅画,也许画得不是很好,可孩子作画的热情和认真劲儿是最可贵的。当孩子把画捧给你看时,不能轻描淡写地应付几句:"画得一般,好好练。"这样会让孩子对画画失去热情和信心。应该用赞赏的语气肯定他的作品:"想不到我的宝宝画得这么好,继续努力,一定会画得更好。"孩子的表现欲得到了满足,有了快乐的情绪体验,对画画就会更有兴趣。

鼓励的语气。要孩子做到没有过失，这是不可能的。当孩子做错了事，不要一味地批评责备，而应帮助他在过失中总结教训，积累经验，鼓励他再次获得成功。如孩子第一次帮妈妈端饭碗失手掉到地上打烂了，你不能责备他："连个碗都端不稳，真笨。"这样会打击孩子尝试新事物的信心和勇气。应该用鼓励的语气："你不小心打烂了碗，没关系，以后先用手指试试烫不烫再去端。"这样，既教给他实践的方法，又给了孩子再次尝试的信心。

不讲老师的坏话

现在的家长普遍是有一定的文化水平，很多人还是某方面的专家，所以他们通常会懂得一些教育规律和教育方法，孩子教育遇到问题，有自己的见解。由于家长和老师所处的立场不同，对教育认识的角度不同，双方在一些方面产生某种分歧是正常的。但是，聪明的家长，任何时候都不会在孩子面前说老师的"坏话"，因为聪明的家长深知"亲其师，信其道"的道理。正如聪明的父亲和母亲，在孩子面前，总是互相表扬对方的优点，让孩子敬佩自己的父母双亲，而不是贬低对方，抬高自己。

田野次郎正读中学一年级，学习成绩总起来还是不错的，但是有些偏科，数学学得差一点。期末考试成绩下来后，田野次郎的父母对其数学成绩非常不满。孩子于是就对父母诉苦，说他们的数学老师讲课如何如何不好，他上课听都听不进去，又怎么能将数学学好呢？家长听后，觉得孩子说得很有道理，就在背地里骂骂咧咧，说了孩子的数学老师很多不好的话，甚至还扬言要去校长那里告老师的状。田野次郎有了父母撑腰，就更不愿意学数学了，每天上课的时候，总是偷着做一些与数学无关的事情。几次大考下来，他的数学成绩更加糟糕了。

青少年的思想感情还不成熟，做事情很容易受到情绪的影响，很多孩

子都是因为老师的缘故对某科特别喜欢或者非常讨厌的,这种情况一方面要求老师提高个人教学水平,加强亲和力;另一方面也要求孩子和家长努力和老师做更多沟通,加深双方的信任和了解,这既有利于老师开展今后的工作,更有利于孩子学业的进步。

很多家长却不够冷静,以致缺乏清醒的认识,经常在孩子面前说老师的坏话,破坏老师在孩子心目中的形象,这种现象是由两种常见情况造成的。一种是家长比较自负,认为自己比老师更懂行,因此经常对孩子说"你们老师水平太差了""你们老师还不如我呢"之类的话;另一种情况是孩子因为某种原因,对自己的老师有意见,家长不是去做耐心细致的了解和引导工作,而是跟着孩子一起说老师的不是。无论是哪种情况,家长的做法都在这一系列事件充当了不应该充当的角色。这种做法在感情上伤害了老师,在教育上否定了老师。更为严重的是,孩子在不知不觉中对老师越来越不信任,很容易因此对学校或老师产生某种轻视,进而在学习中无法深入下去,最终导致教育的失败。

父母应该在孩子面前有意识地保护老师的形象,这样做既是对老师的一种尊重,更是对自己孩子负责,所以家长一定不要随意在孩子面前说老师的不是,要在孩子心目中树立起老师的良好形象。就我国目前的教育普及情况而言,家长不可能让孩子各科都配备世界上最好的老师,所以,老师有些缺点和不足是难免的,家长要引导孩子去接受这个老师,让孩子去和老师积极配合。当孩子在家长面前批评老师的时候,家长要帮助孩子客观地分析一下相关情况,千万不能当着孩子的面说一些不负责任的话,对老师调侃或嘲讽一番,这会影响孩子对老师的信任和学习热情,最后的结果是,自己的孩子成为了最大受害者。

孩子需要独立自主和大胆质疑的精神,但在求学的某些特定阶段,也同样需要对教育者的某种崇拜,试想,如果孩子不崇拜自己的老师,怎么可能会听他的话,怎么可能学会知识呢?只有孩子崇拜老师,尊敬老师,才会肯定老师的说法,也才能够在课堂上将老师所传授的内容吸收过来,化为己用。

所以,家长应该注意自己的言行,不要随意在孩子面前议论老师,更不

要当着孩子的面数落某某老师的不是。老师在孩子心目中的地位应该是神圣的，对犹如一张白纸的孩子来说，无所不知的老师也维护了高大的人格形象。由于孩子判断是非的能力弱，如果家长在孩子面前对老师横加指责，就会产生立竿见影或潜移默化的副作用，打碎孩子心目中的正面形象，从而影响对孩子的教育效果。师非圣贤，人无完人。即使在教学上出现差错也在所难免，家长诱导孩子改正就是了。总之，给老师一个积极的肯定，给孩子一个积极的人生心态。

让孩子感觉到尊重

每一个人都渴望得到尊重，孩子也是如此。美国总统林肯说："首先尊重他人，才能得到他人的尊重。"这是一条恒久不变的做人法则。对于父母来说，想要得到孩子的尊重，首先也要尊重孩子。

日本教育家多湖辉也曾说过："本来亲子关系有如胶着的战争状态。其中一方攻打，另一方就反击；一方撤退，另一方则又进攻。纵然这是无意识的，但孩子多能敏锐观察到父母的心理，有时威胁，有时撒娇，假如父母的作战态度略微松懈，孩子就会立刻占上风。基于上述理由，父母必须有心理作战的准备，就是视孩子有独立的个性，由此考虑孩子的心理。"而希望获得尊重就是孩子的一种心理需求。

尊重孩子的人格

日本池田大作说过："即使是孩子，也有人格，也是一个独立的人，这个前提必须明确。孩子绝不是父母的所有物，他的人格是构成社会的组成部分之一，人格必须用充沛的爱来培育。"

贪玩、好吃、任性，这些是不少孩子常见的举动。如果父母因此勉强孩

子遵守各种规条，往往收不到好的效果。因为儿童经常会发泄情绪，他们的理智不够成熟，不可能对大人言听计从，如果孩子像大人一样老成持重，必然是被强迫遵守成人的规矩所致。

例如，十二三岁的儿童，生理、心理正处在逐渐发育成长的转变中，比较注重追求自身的"独立人格"。此时，若家长诱导不得法，会严重影响亲子间的感情交流。为使孩子顺利度过这一阶段，专家对家长有以下建议：

1. 勿抱成见

家长不要一看到孩子有独立意识的行为便极力压制，担心让步会导致孩子走上歧途。父母反对越激烈，孩子就会越坚持己见，他们是"吃软不吃硬的"。十几岁的孩子长壮了、成熟了，只要家长不用有色眼镜看他，他会按照自己培养起来的行为方式去做人，成为你的好孩子。

2. 不要盲目责怪孩子

孩子的"叛逆行动"有时看起来是针对你的，其实也许根本不是。例如：有一家人习惯双休日早起做"晨运"。一日，孩子却说他要晚起床，不参加晨运了。其父母本可大发其火，但他们并没有这样做，而是平心静气地问明了原因。原来，孩子是为了学校的黑板报忙到很晚，实在是太疲倦了。于是家长便把时间推迟了。

3. 保持作为家长的地位

父母应当成为孩子的朋友，互相信任，共享快乐，但这种友谊不应是完全"平等"。你应当是一名船长，可以听取船员的意见，但最终决定航向的仍然是你。

尊重孩子的兴趣

现在,很多父母都已注意到孩子早期教育的重要性。于是越来越多的孩子,在幼儿时期便开始接受某方面特长的教育。但是,在家长开发孩子智力的良好愿望下,许多孩子却出现了不同程度的厌烦情绪,这是为什么呢?家长该如何引导幼儿选择其爱好呢?

日本教育家高桥敷指出:父母不应指示孩子做什么,而应千方百计让孩子想做,启发他想站立,想走路,想写字,想读书,自己起个拉拉队的作用。可见,幼儿的学习兴趣是由情绪支配的。他感兴趣的、喜欢的就去学,反之就不学。成人辅导孩子学习,重要的是引发幼儿的学习兴趣。

兴趣不是天生的,而是后天逐渐培养和发展起来的。幼儿的兴趣往往带有浓厚的个人色彩,有的喜欢绘画,有的喜欢音乐,有的喜欢手工制作。家长应尊重孩子的兴趣和爱好,但尊重不等于放纵。幼儿身心发展还不完善,自我控制能力差,因此在尊重幼儿兴趣的基础上,去引导和教育幼儿是非常必要的。但有些家长,不顾孩子的兴趣,而根据自己的意愿、爱好,强迫孩子学习,这是很不正确的做法。如,有的家长看到别的孩子钢琴弹得好,就盲目买钢琴让自己的孩子学,结果孩子不感兴趣,越学越烦,感到弹琴是在受惩罚,从而产生厌烦情绪。又如,有个小女孩特别喜欢武术,可她父母都认为这是男孩子学的项目,女孩子不能学,无奈,她只好放弃自己的爱好。这对孩子的成才是很不利的。

著名的心理学家皮亚杰曾经说过:"强迫工作是违反心理学原则的,而且一切有成效的活动,都必须以某种兴趣为先决条件。"

尊重孩子的选择

许多父母总是喜欢替孩子做决定,孩子上什么学校,父母选;孩子报什么专业,父母选;甚至孩子找什么样的异性朋友,也得由父母来把关。如果一个孩子无法决定他自己的事情,他就会备感沮丧,他会非常仇恨父母剥夺自己做决定的权利。在这种情况下,亲子关系必然是充满火药味的。

人生会面临很多的选择,无论是小孩儿还是大人。在孩子成长的过程中,作为家长往往会给孩子设计未来。家长自作聪明地认为,我们在为孩子尽自己的一份责任,也是帮助不懂事的孩子选择未来。父母往往想让孩子照大人的意愿去做,做一个好孩子,乖孩子。其实孩子有孩子的天空,孩子的未来需要他们自己去把握,不需要我们像小孩儿一样的呵护他们。随着孩子年龄的增长,这种欲望也就欲强烈。孩子的选择在学会走路和说话之前,家长什么都可以忍耐,甚至是破坏的动作,你也会原谅他们,甚至认为孩子有本事。可是孩子的年龄一天天见长,家长的耐心在逐步的消失,由宽容大度鼓励,变成了狭隘苛求训斥,使孩子无所适从。孩子的选择与家长的意见相左时,遭到训斥的肯定是孩子,家长从来不会从自身找原因的,因为家长自认为自己高明,孩子什么都不懂,于是就剥夺了孩子的选择权。孩子没有了选择权,也就没有了生活动力,会逆来顺受的,养成懒的习惯,习惯于家长给他们筑好的巢。这对孩子来说未必是件好事情,毕竟孩子的路需要孩子自己去走,家长不过是阶梯或者是孩子的拐杖而已。

  人生就是在不断的选择。孩子成长的过程就是不断选择的过程。孩子在不断选择中,充实自己,完善自己,积累知识,积累生活的经验,使他们在身体成长的同时智力也能得到很好的开发。

  孩子是有差异的,孩子的爱好也是不同的。孩子的爱好有时是和家长一致的,孩子的奋斗目标也是家长的奋斗目标。这样的孩子的选择会得到家长的理解和鼓励。孩子的爱好有时和家长的希望是不一致的,这样孩子的选择会得到家长反对,甚至强迫孩子接受自己的想法。孩子一旦认为自己的选择遭到了反对,孩子会和你对着干,走向你不希望的方面,甚至越走越远,助长孩子的叛逆心理。

  作为家长要想孩子之所想,急孩子之所急,解孩子之所难。尊重孩子的意愿,尊重孩子的选择,只有这样,才能赢得孩子的信任,了解孩子的内心,帮助孩子健康的成长。

尊重孩子的情感

  许多父母总是让孩子在他人面前表演节目或者展示特长,殊不知,这

种做法往往会伤害孩子的情感。有些父母会认为，小孩子有什么情感。实际上，孩子虽小，但他也有自己的情感。他们不愿意被父母操纵，不愿意成为父母取悦他人的工具。

孩子拥有自己的情感世界。做父母的应该尊重孩子的情感，不能随意干涉孩子的情感需求。然而在现实生活中有些家长并不重视这一点。他们缺少同孩子交流，常常对孩子诸如恐惧、烦恼、愤怒、狂喜等真情流露，根据自己的好恶来规范和评判，有意无意地压抑孩子的情感。我们应该知道，一个过度压抑自己情感流露的孩子会显得木讷、缺乏灵气、郁郁寡欢。孩子尚不成熟，他们为了被父母接受，或者不被父母责骂，会故意克制自己的情感，把自我否定作为生存之道。因此很难说这样的孩子会有健康的个性。

孩子的情感需要得到家长的尊重，孩子的情感世界需要家长的精心呵护。对待孩子的真情流露，家长应该给以真情关怀，与孩子沟通，给孩子提供有益的建议，成为孩子可以信赖的朋友。缺乏耐心，用鄙夷的眼光、烦人的叹息、刻薄的话语甚至体罚等消极的做法来对待孩子，会使孩子受到伤害。有一段弑母的"尖子生"与记者的一段对话，使人感触颇深。记者问这位初二学生："有没有想过把自己的感受与想法对父母讲一讲？""想过。""讲了没有？""没讲。""为什么？"那位学生沉默好久才说："我的父母从来没有理解过我。我不爱他们。有一次，我爸要和我谈心，家里只有我们两个人。他问我为什么学习成绩下降。我想告诉他真正的原因，但又不敢说。想想这些年家里的情况，我忍不住哭了。这是我长大后第一次在我爸面前流泪。我真想他能拉着我的手，鼓励我说出心里话。可是我爸见我哭了，骂了一句'鳄鱼的眼泪'。从那以后，我再也没在我爸面前流过泪。"请看，家长漠视孩子的情感世界，造成多么严重的后果！

现在的孩子具有很强的主人意识和主体意识，他们需要得到家长的尊重，特别是在他们情绪低落或者遇到困惑的时候，更需要得到家长的理解和有益的帮助。孩子的情感世界有着我们难以想象的丰富和变化。正因为如此，做家长的更要用心去揣摩，与孩子成为朋友，使孩子乐于同自己沟通。只有在这种良好的环境中，孩子的个性才能得到健康发展。

尊重孩子的隐私

孩子有了隐私，许多做父母的总是千方百计地去侦察，如翻抽屉看日记、拆信件，甚至打骂训斥。殊不知这种做法会伤害孩子的自尊心，造成孩子沉重的精神压力，甚至产生敌意和反抗，采取全方位的信息封锁和防备措施，导致父母与孩子关系的恶化。

理智的做法是尊重孩子的隐私权，也就是尊重孩子的人格。给他们一个自由的空间，但并非放任自流，对孩子的隐私要给予充分的关注，积极的引导。

首先，主动以平等的态度与孩子多交谈，谈父母在与他同龄时的一些所思所想、成功和挫折，甚至谈一些当初的隐私，谈自己对事物的看法和想法，倾听和征求孩子的意见和建议，使自己成为孩子可以信赖的朋友。一段时间后，孩子会愿意把自己心中的秘密告诉父母，这样才能了解和掌握孩子的隐私，给予必要的指点和教育。

其次，要培养孩子的自我教育能力。获取有关孩子隐私的信息，即使有些越轨和不良因素，也不必大惊失色、殴打辱骂，可以与孩子一起讨论理想、事业、道德、人生观、价值观等问题，引导孩子自己悟出为人处世的真理，提高孩子按规范要求调整自己行为的能力。有了这种自我教育能力，一些隐秘的危险倾向，都有可能自我解决。

第五章

沟通要注意细节

父母保持良好的形象

彩子的爸爸妈妈带彩子来找心理医生,说这孩子对家长不尊敬,放学回家也不叫爸妈,大人说什么,也是不理不睬的。问题出在哪里呢?当家长回避后,彩子对心理医生说:"我爸爸打电话,老是带'脏'字,我都替他脸红,给他提意见好多次了,至今也没改!妈妈整天忙着买化妆品、买时装,打扮得好漂亮呀,可我参加少年宫器乐培训,她舍不得给我交学费,竟然找熟人走了个后门,我在那里参加培训心里很不安……爸妈从来不爱看书,我的课外书,他们读错许多字,我在学校订的家教报,他们也不看!整天教育我努力学习,他们怎么做不到?我就是不喜欢这样的爸妈,就是不愿意叫他们。"

听到孩子的倾诉,作为家长难道不惭愧吗?孩子不尊敬你,是有她的理由的。父母无法给自己树立一个好形象,又怎么可能得到孩子的尊敬呢?

然而,现实中,这样的父母并不在少数。家长在孩子的面前,要时刻注意自己的形象,为孩子树立好榜样。那么,家长应该怎么做呢?

一、挖掘人格的魅力是提高家长威信的前提条件

日本教育家福泽谕吉曾经说:"做好榜样要凭两种力量,一是真理的力量,一是人格的力量。"家长首先应从挖掘人格魅力方面努力,完善自己的人格,逐渐提高威信。具体说家长应注意以下几点:

1. 塑造良好的形象

如今的独生子女,由于优生的缘故和环境的影响,一般都显得懂事早、反应快、模仿能力强。如果父母衣着整齐干净,朴素大方,谈吐文雅,讲究文明,热情礼貌,对工作、对事业忠诚勤恳,对他人友善宽容,对未来、对困难态度积极,那么,子女就会潜移默化地受到影响。反之,如果家长衣着花哨

轻浮,粗言秽语,粗野暴躁,傲慢夸张,玩世不恭,那么,孩子也久而久之就会养成不良习惯。总之,父母的良好形象对孩子性格、品德的形成起着举足轻重的作用。

例如某高中男生,生母早年去世,父亲有重病。他与奶奶、叔叔生活在一起,叔叔教育的方法就是一个字——打。孩子在叔叔的影响下学会了用拳头"说话"。平时,经常用粗暴的手段欺辱同学。有时,他叫同学,同学没有理他,上去就是一脚,打了人还不让人家说出去。可他非常怕叔叔,只要一说找他叔叔来学校,就吓得蹲在地上哭,但错误并没有改正。学校对他进行了耐心细致的教育,但始终未能感化他,最终,因打群架问题而自动退学。这个实例说明,家长粗暴的教育方法对孩子的意志、品质和性格的形成是非常不利的,也严重影响健康心理的培养和人格的正确形成。还有一女生,耳朵上扎了好几个眼儿,老师请来家长配合教育。看到家长的装束,老师就明白了,家长的耳朵上戴着7个耳环,头发是金黄色的,脚上的鞋前端有3寸长。孩子每日每时跟这样的家长生活能不受影响吗?另外,有些孩子性格粗暴,满口脏话,追根寻源,不少是从父母那里学来的。总之,父母的形象对于塑造子女的形象有着直接的、不可改变的影响。常言道,孩子是父母的影子。所以,父母必须时时、处处、事事对自己严格要求,以自己的模范行为为子女做榜样。否则,如果父母胸无大志,庸庸碌碌,整天不是打扑克、码"长城",就是说谎,贪小便宜,那又怎么能教育好子女呢?

2. 树立正确的观念

孩子一出生就是一个探索者。随着年龄的增长,思维不断地发展,孩子的好奇心也迅速发展,但认识问题的能力不一定很强,甚至有些方面的认识并不正确。观念的正确与否对人生极为重要,特别是对于人生的理解,家庭成员,特别是父母是否有正确的观念,对孩子的影响是颇深的。父母应学会辩证法,只有这样才能对各种复杂的问题进行理性的思考,从中发现事物的本质,达到对人对事的全面的而不是片面的、深刻的而不是表面的、本质的而不是现象的认识,达到对事物的理性认识,而不是只凭个人主观感觉或推测的认识,才能对孩子提出的问题给予圆满正确的回答。否则,如果经常让孩子失望,就会降低威信,甚至可能误导孩子。

3. 教育子女应讲究方式、方法

家长教育孩子,目的是帮助孩子认识错误,从根本上消除不良的思想和行为。如果家长在施教时不注重方式方法,凭情绪做事,对孩子不是讽刺、挖苦,就是训斥、谩骂。这种教育方式,使孩子不但不能认识到错误,还可能产生与家长对立的情绪,从而拒绝接受教育。这样的结局,岂不违背了家长的初衷,使教育失去意义?那么,家长应用什么方式方法教育孩子呢?首先,家长教育孩子,应用说服教育的方法,例如家长让孩子做某件事时,就要把道理讲到点子上,让他们在思想上得到认同,也就乐于去做了。在孩子犯了错误时,要通过摆事实、讲道理的方式,帮助孩子找出犯错误的原因和危害,明白是与非,使他们心服口服地接受,才能达到改正错误的目的。其次,家长教育孩子时应注意时间、地点。批评孩子时,不要絮絮叨叨、没完没了,这样孩子会感到很烦。孩子吃饭时,家长不要对其进行批评,这样不利于孩子的身心健康。总之,家长在教育孩子时如注重方式方法,既可以减少矛盾,又能达到良好教育的效果,同时,还提高了家长的威信。

二、增长学识、提高能力是提高家长威信的重要方面

现在的孩子求知欲强,知识面宽,随着年龄的增长,对家长的话不再言听计从了。家长在孩子心目中的地位也降低了。为了获得孩子的信任,提高自己的威信,家长应注意知识的积累和能力与水平的提高。笔者认为家长至少应具备并不断提高以下几种能力。

1. 观察能力

家长应具有锐利的观察能力,以便在生活中迅速抓住那些不明显且不易被察觉的事物的主要特征,弄清事物发展变化的来龙去脉,从而因势利导地教育孩子,缩短教育过程,提高教育效果。例如有一名男生,他参与了一场打架,当家长问起此事时,他却说"我帮着拉架来着,没有打架"。家长如果粗心大意,也就被孩子骗过去了。从而失去了一次教育孩子的机会,又给孩子埋下了下次犯错误的祸根。家长在孩子心目中的地位怎么会高呢?

2. 协调沟通能力

有时,误会的产生往往是由于做父母的封闭自己,固执己见,不与子女沟通,不与学校沟通造成的。首先,家长必须在思想上认识到:家庭教育与学校教育在教育要求、目标上应保持一致,在方法和内容上应相互协调。孩子犯了错误,一般都有恐惧和后悔的心理,害怕对他的错误处理重了。做父母的应正确对待孩子犯的错误,对孩子进行批评教育,指出错误的要害,才能使其认识错误,改正错误。抓住孩子的后悔心理,促使他产生痛恨自己不良行为的情感,从而迷途知返。相反,如果父母认为孩子小毛小病,忽视大意,加上学校教育失衡,孩子就会错上加错,难以改正。此外,家长应尊重老师的意见,支持配合老师的教育工作,认真参加孩子的家长会,了解学校的教育内容,提高科学教育子女的能力与水平,用科学的教育方法和手段将孩子的问题解决在萌芽状态。

另外,在教育孩子时,家里人的意见要一致,态度要一致,方法要协调,这是非常重要的,"步调一致才能得胜利"。如果父亲教育,母亲护着;母亲教育,父亲不管;或者父亲说一套,母亲说一套,就会使孩子无所适从,这是不可能教育好孩子的。总之,父母在教育孩子时必须保持协调一致。只要家庭教育和学校教育相互协调,形成合力,就能收到事半功倍的作用。

3. 知识水平能力

为提高威信,父母应尽力多学一些知识,古今中外、天文地理、自然科学都应该懂得一点。知识不要求多深,但面要求要广。在学校教育中,过去有一句话,叫做"要给孩子一杯水,教师必须有一桶水"。意思是说教师只有具有远比教科书丰富得多的知识,才能上好课。这同样适用于家长对孩子

的家庭教育。如果家长腹中空空,知识贫乏,又怎能把甘泉浇灌到孩子的心田中去呢?其实,要想获得知识,决定性的因素,是要培养孩子刻苦读书的良好习惯。教育家们早就指出:"自我教育和个人的精神生活是从书本开始的。"我们应该把读书,当作人生的第一精神需要,不断从书本中汲取养料,这有助于我们加强自身的文化素养。只有书读得多了,才能认识到自己知识的贫乏。在知识的海洋里,你能感觉到自己再不学习,就快成"文盲"了。读书是一件苦差事,父母在这方面吃不起苦,又怎么去要求孩子呢?归根到底,父母的知识领域越宽广,对子女教育的主动权就越大,在家庭教育中发挥的作用也就越大。希望为人父母的家长们,能在学习上下点功夫,这更有助于提高自身的威信。

三、建立和谐民主的家庭氛围是提高家长威信的有效条件

家庭对孩子人格的形成与发展比学校对孩子人格的形成与发展,发挥的作用更早、更持久、更深远。家庭中以血缘为纽带的亲情,无论从感情上、还是利益上,都是师生关系、朋友关系等无法代替的。父母与子女之间的关系,形成了一种家庭气氛,而这种气氛随时随地地影响着子女的情感与智力开发,影响着学习效果。和谐民主的家庭环境,父母良好的、科学的教育是孩子形成健全人格的基本保证。良好的家庭关系,给子女提供一种人际关系的榜样,成为子女今后建立人际关系的一种潜在的基础。而今,有些父母在教育孩子时,自觉不自觉地摆出家长的架子,孩子稍有不合心意便打骂孩子,本来很容易解决的问题,结果变得复杂了,引起孩子对家长的不满。这样做的后果,容易造成家长与孩子的隔阂与对立,不利于孩子良好品格的形成。因此,家长应注意:

1. 尊重孩子

随着年龄的增长和知识的增多,孩子的独立意识越来越强,情感越来越丰富,家长不能再把他当成一个不懂事的小孩子,张嘴便骂,动手就打。这样做很容易伤害孩子的自尊心。家长不妨换位思考一下,你要是处在孩子的地位,会有什么样的感触呢?自尊心人人都有,它是人们积极向上的一种内在动力,自尊心能驱使孩子不断追求真理,寻找真理,忠实地履行自己的义务,增强自己的责任感。所以,家长应该尊重孩子,把孩子看作是一个

独立的人,与家长平等的人。不要用过激的言语、行为伤害孩子,这样才能获得子女的敬重。尊重能使孩子自尊、自信、自立、自强,尊重能使孩子健康成长,尊重能使孩子的个性很好地形成和发展,尊重能使孩子成才。

2. 理解孩子

家长要善于倾听孩子的意见,设身处地地从子女的角度来观察分析问题,将心比心,才能达到与孩子心灵的沟通。有些家长情绪很容易激动,往往为一点小事而发怒,不能理智地处理与孩子之间的矛盾,隔阂越来越深,家庭气氛越来越紧张,其结果是家长对子女的教育管理适得其反。所以,家长应善于控制自己的情绪,采取平等的态度对待子女,允许子女发表不同于自己的意见,尊重子女的人格和个性,用情感来感化孩子。允许子女向自己提出为什么,如有不足之处也应该向孩子做诚恳的自我批评。这样,不仅不会降低父母在子女心目中的威信,反而会获得更多的尊重。能够做到让孩子主动与自己交流思想、感情和问题的父母,才是优秀的父母,成功的父母。

3. 培养、引导孩子

孩子的道德品质是由道德情感、道德意志和道德行为构成的,孩子只有在正确的认识指导下,才会沿着健康的道路发展。家长在教育孩子中,应紧紧围绕知、情、意、行四个方面进行培养、引导,使孩子树立高尚的道德观念、正确认知,在成长的道路上少走弯路。反之,如果家长教育孩子时,在思想上忽视了对孩子思想品质的培养,那么,孩子就会在思想上,不求上进;在学习上,不思努力;在生活上,是非不清;这样发展下去是非常危险的。所以,家长要善于结合实际,坚持"遇物则诲"和"遇事则行"的道德训练,逐渐使孩子形成良好的道德品质。在子女的成长和发展中,家长要善于发现子女的"越轨"和"偏差"行为,并能及时给予引导和纠正,例如孩子"志在读书",但对读书的目的认识浮浅,学习不太努力;那么,父母就应因势利导地讲清读书的目的,是要提高道德观念,长大报效祖国,克己奉公。这样才能增加孩子上进的动力,孩子不但能健康地成长,父母在孩子心目中的威信也随之越来越高。

承诺要兑现

为了激励孩子,父母有时候会给孩子许下承诺。可是,很多家长并不能做到有诺必践。曾经对孩子许下很多诺言,随着父母的淡忘,很多都不了了之,直到有一天孩子再提起,父母才会想起"哦……哦,是有这么回事。"

福冈读中学后学习成绩有所滑坡,母亲非常着急,就给他许诺说:"孩子,好好学习,如果你下次大考能进入年级前10名,爸爸妈妈就领你去富士山游玩。"福冈听后异常兴奋,暗下决心一定要好好学习,最终也如愿以偿进入了前10名。当福冈把考试成绩告知父母后,父母也十分高兴,却对当初的承诺只字不提,过了两天后,福冈终于忍不住要求父母实现诺言,父母借口工作忙不肯带他出去,他很不开心,再三要求父母带他去富士山,结果父亲一生气,给了他一个耳光,还大骂他不懂事。福冈万分伤心,从此再也不相信父母的话了,学习上也丧失了动力。后来还是福冈的老师了解到具体情况,跟家长及时做了沟通,家长这才明白过来,后悔当初不负责任的许诺。

很多孩子都不可避免的遭遇过福冈这样的情况,家长出于一定的目的,或者一时高兴,不考虑日后能否兑现,就轻易地给孩子许下诺言。等事到临头,又总是百般借口,反复几次之后,孩子便会对家长产生不信任。

所以,不要随意对孩子许诺,而一旦许诺,就要承担起相应的责任。著名儿童教育家马尔库沙说:"孩子的目光就像永不休息的雷达一样,一直在注视着您。"父母是孩子人生中的第一任老师,父母的一举一动孩子都会去模仿。因此,你要求孩子不抽烟你首先就不要抽烟;你要求孩子说话算数,你对孩子首先要说话算数。如果确实无法兑现你对孩子的承诺,一定要向孩子解释原因,这样在孩子幼小的心灵里才能对诚信的重要性有深刻的印

象和理解。因此,做父母的应该讲究诚信,既然答应了孩子,就要信守承诺,说到做到。否则,就很难和孩子沟通。诚信是走遍世界的通行证,在与孩子的沟通中,同样需要父母坚守诚信的态度。

英国18世纪的政治家福克斯,在他少年时曾经历过这样一件事情,这件事对他以后的影响极为深刻。

那时,他家住在一幢花园式的府邸,园中有座旧亭子,准备拆掉。小福克斯想见识见识怎样拆,请求等到学校假期再拆,父亲答应了。福克斯平日住校,待到放假,回家就去看亭子,发现已拆掉了。他很失望,说:"爸爸说话不算数!"他父亲听后大为震惊:"孩子,你说得对,我错了,我就改。"随即请人在原址建亭再拆,让福克斯亲眼看着拆除。福克斯的父亲以实际行动告诉了小福克斯诚实的重要性。

还有一个相反的故事:

美子的妈妈说,"从小到大我都很疼她,答应了她的事从来没有做不成的。她叫我带她去旅游我就带,她叫我买什么我都尽量满足她,除非没有答应。"

可是美子却不这么认为,"坦白说,我对妈妈不是很信任"。

美子解释,"我从来就不觉得我妈是个守信的人,尽管她对别人好像挺守信的,但唯独对我不是。就拿我让她早上叫我起床的事来说吧。"平时美子妈妈因为睡得早,所以起得也特别早,是一家人的闹钟,负责叫爸爸和美子起床。可是大概从高中起,这个"闹钟"开始间歇性失准,不多不少走慢了半小时,而且只会发生在美子晚上睡得晚的第二天早上。妈妈的解释要么

是她起晚了,要么是忙着干活忘了。一开始美子都"信以为真",不过几次之后美子明白了,那是妈妈为了让宝贝女儿多睡半小时,故意推迟了原先答应好叫醒女儿的时间。

"有时候就因为那半小时,把我的计划都打乱了。""我人都这么大了,难道还不会安排时间吗?当我要自己调闹钟的时候,妈妈就说我难道连她都信不过?"现在每逢第二天有重要事情,美子晚上都睡得提心吊胆,早上常常惊醒,半小时的代价实在太大了!"经历了太多太多这样的事情后,坦白说,我对妈妈不是很信任。"

在德国,大多数家长们都遵守这样一个原则:教育孩子诚实守信,家长必须做出榜样。在德国,你如果随便乱扔垃圾或者在没有停车标志的地方停车,马上就会有人过来阻止你,并给你灌输一套遵守社会公德、为下一代做好榜样的理论。德国用以监督社会成员是否遵守社会秩序的最好途径,就是社会信用记录。德国中央银行设有专门掌管社会成员,包括企业和个人信用信息的服务机构,从事信用评级、信用管理等业务。这一任务由德国的信贷信用保护协会承担。德国的各金融机构均是该协会的成员,一旦客户出现信用问题,如恶意透支信用卡或不及时还款,都会被记入资料库。而有过不良信贷信用记录的客户在今后的生活中会碰到很多困难,如申请贷款时会被拒绝或者支付高利率,要想用分期付款方式购买一些大件商品时,也会被商家拒绝。即使在日常生活中,这种监督也无处不在。就拿乘车买票来说,如果逃票被查到,就会写入个人的信用记录,成为终生的污点。

家长首先应该认识到诚信的重要性,不单在社会上要讲诚信,更应该在家庭内部讲诚信,这直接关系到下一代的顺利成长,丝毫大意不得。当孩子失望、委屈时,家长不能只是责怪孩子不懂事,要多检讨自己哄骗孩子的做法是否合理,如果有,一定不能因为爱面子而将错就错或找理由搪塞,而要勇于当着孩子的面做自我批评,承认自己的过错,并设法通过一系列的行为证实自己说到一定能做到,从而给孩子树立良好的榜样。

孔子曰:人而无信,不知其可也。行事之道,诚信为本,父母是孩子的一面镜子,父母的一言一行是孩子模仿的对象,只有父母从不失诺,从不失信,才能培养出诚实守信的好孩子。

把握沟通的最佳时机

心理学家根据研究总结出,与孩子沟通的最佳时机有以下10个。

一、新学期开始的时候。新的一年、新的学期开始或孩子进入新的学习环境时,会有一种新的意识、新的能力,此时家长因势利导,当会"旗开得胜。"

二、孩子享受成功喜悦的时候。家长若能在祝贺鼓励的基础上,对孩子提出明确具体的要求,将会收到满意的效果。

三、孩子感受委屈的时候。家长若能主动地以冷静、宽容和同情的态度去帮助孩子解释,孩子会产生感激之情,也就易于接受家长的告诫了。

四、老师来访的时候。家长应把孩子的长处告诉老师,同时以希望的口气指出孩子的缺点,不宜单纯地"告状"。

五、孩子有困难或遭遇失败的时候。家长不应训斥,而应肯定成绩,对不足之处给予点拨,帮其走出"困境"。

六、孩子有较大过失的时候。这时家长的理解、同情、体谅是孩子最需要的,很多时候,循循善诱能收到振聋发聩的效果。

七、孩子对某些事物怀有浓厚兴趣的时候。家长应积极支持、鼓励,用兴趣推动孩子去寻求知识,激励孩子深入钻研。

八、有较大集体活动的时候。这是教育孩子遵守纪律,为集体争光,培养集体观念的极好时机。

九、他人取得成绩的时候。孩子往往会暗下决心"我也要做出成绩",家长要抓住这一时机,对孩子提出适当目标要求,使其由一时热情变为持久的行动。

十、外出做客或有客人来访的时候。一般的孩子都喜欢听好话,不愿在别人面前现丑,所以这时应注意保护孩子的自尊心,不在客人面前"揭短",多谈孩子的优点和长处,恰当提出希望。

眼神,最坚定的交流

眼睛,是人心灵的窗户。眼神的交流,是对话交流的一个必要前奏。柔和、热诚的眼神,能够给孩子以夸奖;埋怨、责怪的眼神,往往会使孩子感到不安。父母在孩子面前,应尽量保持亲切、和蔼、信任与期待的眼神。这种眼神能够使正在努力进步的孩子受到鼓舞,促使他继续努力,使遇到困难的孩子看到希望,增加他克服困难的勇气和力量,使有缺点与错误的孩子得到温暖,增强他上进的信心。

在每一个家庭中,父母都应该时时注意用亲切和蔼的眼神去捕捉孩子的视线,使他感到父母时刻都在关心着他、爱护着他。在说话时,父母应注视着他,以表示出你在专心听,让孩子觉得你是他的"知音"。如果在孩子讲话时,你的眼睛不时地左顾右盼,那会使孩子感到你心不在焉,他也就不愿在父母面前谈论他的想法和周围发生的事情了。

给孩子微笑的眼神

微笑的眼神能够缩短与孩子之间的距离,促进亲子之间的关系。孩子们的心灵是敏感的,他们能够读懂包含在你的眼神里的情感。

如果你的眼神里流露着微笑,孩子会感觉到你的友善,他会愿意与你成为朋友,因此努力表现自己,希望博得你的好感;如果你的眼神里包含着冷漠,孩子会感觉到你的冷淡与忽视,他也会无视你的存在,不考虑你的感受;如果你的眼神里流露着敌意,孩子会感觉到你对他的厌烦与仇恨,他也会故意给你惹麻烦,专做让你不开心的事情,以此来报复你的敌意。

善于运用鼓励的眼神

日本著名的教育家、儿科医生内藤寿七郎先生在93岁的时候,有一次,一位年轻的妈妈带着她2岁的儿子前来找内藤先生看病。

这位年轻的妈妈说,孩子很喜欢喝一种外表好看的、一升装的牛奶,并且一口气就能喝光。因为喝牛奶过多,孩子患了牛奶癣,皮肤刺痒导致他白天举止焦躁不安,晚上则睡不着觉。

听了这位妈妈的话,内藤先生脱下白大褂,然后弯下膝盖,跪在小男孩儿前面,仔细地注视着小男孩儿的眼睛。

"你喜欢喝牛奶吗?"内藤先生温和地问道。

小男孩儿点了点头。

内藤先生微笑着注视着他的眼睛,问道:"如果不让你喝你特别喜欢喝的牛奶,你能忍得住吗?"

小男孩儿显得有些烦躁不安,他把脸转向了一边。

内藤先生又转到小男孩儿的面前,和蔼地看着他,问道:"你可以不喝牛奶的,是吗?"

小男孩儿有点不耐烦,他轻轻地回答:"不能。"

但是,内藤先生并没有就此罢休,他再一次问道:"你可以不喝牛奶的,是吗?"内藤先生的目光中充满了信任。

小男孩儿终于轻轻地点了点头。

回到家后,小男孩儿竟然真的不喝牛奶了。很快,症状就消失了,小男孩儿的病症完全好了。

一年后,年轻的妈妈认为小男孩儿可以适当地喝点牛奶了,但是,小男孩儿却坚定地对妈妈说:"如果那位医生说可以喝我才喝。"

于是,这位妈妈再一次带着小男孩儿来找内藤先生。

这次,内藤先生依然微笑着看着小男孩儿,温和地说:"现在,你可以喝牛奶了。"

小男孩儿这才开始喝牛奶。

内藤先生的眼睛鼓励小男孩儿下定决心来控制自己的行为。

鼓励的眼神往往让孩子在不知不觉中接受了父母的鼓励,同时,父母的眼神往往能够给孩子留下深刻的印象,激励他们不断努力。

对于亲子关系不是太融洽的家庭来说,运用鼓励的眼神要比直接使用语言鼓励更有效。当孩子不愿意与你进行语言沟通时,你可以深情地注视着孩子,用鼓励的眼神给孩子力量,孩子的心灵是敏感的,父母的眼神会震撼他们幼小的心灵,激发他们改正错误,不断努力。

读懂孩子的眼神

加强与孩子的沟通,父母应该学会读懂孩子的眼神。尤其是年幼的孩子,由于认识能力的局限与表达能力的欠缺,眼神往往是他们表达内心世界的一种重要手段。如果父母善于读懂孩子的眼神,将会更好地与孩子进行沟通。

一般来说,孩子的眼神往往表现出他内心的思想。

当孩子低下头,不敢正视父母的眼睛时,说明孩子意识到了自己的错误,正在进行自我反省。这时父母不应该严厉地批评、斥责孩子,应该以说服、鼓励为主。

当孩子故意把眼神放在别的地方,不愿意父母看到自己的眼睛时,说明孩子心里正在想什么,不愿意父母知道他的想法或者秘密。这时候,父母不要逼迫孩子,应该耐心开导,从侧面入手来了解孩子的想法。

当孩子用仇恨的眼神看着你的时候,表明孩子对你的行为或者处事方式非常不满,这是孩子的正常表现,尤其是青春期的孩子。父母不要因此而生气,孩子只是对事不对人,只要父母以理解、宽容的态度对待孩子,孩子会明辨是非的。

当孩子走到你的面前,期盼地望着你的时候,说明孩子正需要你的帮助,这时候,你需要放下手头的工作,关切地问孩子:"有什么事吗?""怎么了?"以温和的语气引导孩子主动与你交流。

当你跟孩子说话时,孩子的眼神是游离不定的,说明孩子对你说话的内容不感兴趣,或者孩子有自己的想法。这时,你应该调整自己的说话语气,主动引导孩子说话。比如:"你觉得我说得对吗?""你有什么想法吗?"

眼神是父母与孩子进行的心灵对话,父母一定要仔细地发现孩子眼神中所表达出来的信息,及时给孩子相应的眼神做回报,实现真正的心灵沟通。

用眼神教育犯错误的孩子

孩子经常会犯错误,父母总是不希望孩子犯错误,因此,对于犯了错误的孩子总是不免要斥责几句,实际上,教育并不只是批评、责骂,其他的方式也会起到良好的教育效果。比如在孩子犯错误的时候,如果父母能够用宽容的眼神来"教育"孩子,相信教育的效果会更好。

一位孩子在日记中这样写道:

那天,我想倒点水喝,却不小心打翻了热水瓶。当热水瓶掉在地上的一刹那,我的脑子一片空白。

听到声音,妈妈走进了厨房。

"妈妈,我……"我一下子觉得很不好意思。

妈妈看了看我,似乎在责备我不小心,但是,她却对我说:"小心点,不要伤到手。"然后,妈妈竟然走了。

看着满地的碎片,我默默地拿起笤帚打扫,脑海里呈现的是妈妈宽容的眼神,"不管做什么事,一定要小心谨慎,不可粗心大意"。

教育的效果是让孩子明白错误,懂得如何避免错误,而不是把孩子狠

狠地批评一通，让孩子心里不高兴。用眼神批评不仅可以取得同样的教育效果，而且可以让孩子体会到父母的宽容，记忆深刻，并时刻激励他不要犯同样的错误。

微笑，最美丽的语言

有些成人总是冷冰冰地板着脸，不愿和人交往。有些孩子也和这些成年人一样，别人和他说话也总是爱理不理。他们不爱笑，不爱做游戏，不要别人碰他，不愿意和小伙伴分享自己的玩具。这样的孩子往往好发脾气，焦躁不安，好像什么事情都不能让他高兴起来。满腔热情的父母碰到这样的冷宝宝真是束手无策。

心理学家说，孩子们不会微笑，通常是因为父母不会微笑。

在日常生活中，父母要学会用微笑和点头鼓励、称赞孩子，这样孩子就会更有信心，会把这件事情做得更好。

当然，孩子有不良行为时，父母则要摇头表示制止，让他不要做这种行为，但是，摇头的时候，微笑同样可以表达友善。

每个孩子都非常善于观察父母的表情，他们喜欢从父母的表情中来推测父母的想法和态度。如果家长的面部松弛而略带微笑，孩子就会感到亲切随和而乐于接受；如果家长板着面孔，孩子就会产生一种畏惧感。所以，在孩子面前，家长务必保持自身情绪的稳定，做到情绪自控。因为你的情绪一定会影响到孩子的情绪变化和心理反应。尤其要注意，在外面有什么不顺心的事情，绝不可以回家把气撒在孩子身上。那样久了，孩子会形成偏执、狭隘的性格和自卑心理。

遗憾的是，我们国家的许多父母总是板着脸，很少对孩子微笑，似乎孩子做的总是错的。这就让孩子们不愿意主动与父母沟通，生怕招来父母的

责骂。

　　因此，面对孩子的时候，不妨以欣赏的眼光看待他，多发现他身上的优点，多报以微笑，让微笑在你与孩子之间荡漾，化解亲子之间的矛盾和冲突。

　　父母的表情不可因为一件事情的变化而变化，有经验的父母即使在对待不听话的孩子时，也不会面露怒色，仍然以一种慈祥的表情来面对孩子，孩子往往会从中醒悟过来。比如，当你看到年幼的孩子在吃饭前正在玩泥巴的时候，千万不要气势汹汹地责骂他。如果你微笑着对他摇摇头，柔声说："这样不可以，把小手洗干净，我们一起去吃饭！"孩子就会听话地去吃饭。

　　通常，当一个人用微笑的眼神看着你，鼓励你去做一件事情的时候，你总是无法抗拒这种无声的力量。在日常生活中，父母要善于用微笑的眼神来鼓励孩子。比如，当你发现年幼的孩子正在跃跃欲试地想爬上阶梯的时候，你可以用微笑的眼神看着他，同时在安全范围内不要去帮助孩子，让孩子自己爬上去。当孩子爬上后，你再对孩子笑笑，孩子就会高兴地笑出来，因为，他在你的微笑中读到了鼓励和支持。

　　面部表情是一个人内在态度的表现，面部表情放松，态度和蔼，往往使人感觉比较容易亲近；面部表情紧张，板着面孔，往往使人产生距离感，让人很难接近。父母的面部表情是以内在态度对孩子施以"脸色"的。高兴时满面笑容，对孩子百依百顺，一旦不如意就迁怒于孩子，这种做法是不好的。父母应以一种慈祥的表情来面对孩子，切不可随意板面孔，否则不但会

第五章　沟通要注意细节

影响孩子的情绪，还有损孩子的心理健康，使孩子产生不良性情。

当孩子发生行为错误、性格偏执等情况时，家长往往要对其进行严肃的批评，这时家长的冷面孔是必要的。这样做所产生的威慑力，具有不可替代的特殊效应。这种冷面教育并不意味着对孩子缺乏爱和关心，而是为了达到一定的教育目的。

但冷面教育不可滥用。有的家长，特别是一些比较"传统"的家长，往往对孩子要求过高，总觉得孩子不合自己的心意，摆出一副"师道尊严"的样子，从不轻易给孩子笑脸。这样做往往事与愿违。

高木涉来自大阪，他的父亲从小就对他要求过高，从来不给好脸色，即使他取得了成绩也得不到鼓励，似乎怎么做都不能令父亲满意，致使高木涉怀有一种负罪感，总觉得自己对不起父亲，总觉得自己不行，于是感到极度的自卑、自责，认为自己永远达不到父亲的要求。这种情绪一直伴随他到大学，使他逐渐形成了一种偏执的性格，无论在生活中还是在学习上，都有一种挫折感，以至于想轻生。

其实家长的态度对孩子有很大的影响。如果孩子一回到家里，面对的就是家长的数落、唠叨和训斥，孩子就会从根本上失去了在家庭中生活、学习的兴趣。

相反，家长的微笑和欣赏往往会对孩子的努力上进产生巨大的积极影响。没有人不需要获得别人的赞美和表扬，家长要学会夸奖孩子，任何孩子的身上，都有值得表扬的地方。很多家长都会有这样的体会，孩子给你的一句赞赏常常令你十分感动，成人尚且如此，更何况是更需要得到家长的赞赏和承认的孩子呢！可以设想一下，如果你所做的事情没有做好，或者做得不理想，这时候，别人不是训斥、埋怨、数落，而是安慰你，给你宽心，同时还夸奖你的长处，并给你信心，相信你慢慢会做好，用微笑待你，你感觉如何？你肯定会倍感温暖，并把事情做得越来越好。

孩子的心理是特别敏感的，所以，不要总为孩子发愁，特别是不要把自己的不满写在脸上，而要用微笑的方式与孩子沟通，改进自己教育孩子的方法，找到那种把教育看作游戏的快乐的感觉。

家长们，你的孩子或许在等待你的微笑、你的夸奖以及你的鼓励。你的

积极性会影响孩子的积极性,而孩子的积极性则是对你微笑的最好回报。如果孩子表现不好,学习和做人方面有问题,学习兴趣不高,要正确地帮助他分析原因,只要他有一点小小的进步,就是可喜的,就要肯定他。不要着急,不要目标太高,使他觉得畏惧。目标不高,容易实现,就会增强他的信心,点燃他的积极性。

最后,给所有的家长建议,让孩子们学会微笑着对待发生的一切事情,微笑着面对生活。

家长们要记住:满脸笑容的孩子会获得别人的友谊、关爱和帮助,冷冰冰的孩子却会影响他将来的生活,父母应该对孩子常做下面的事情:

1. 多爱抚孩子,尽最大努力丰富孩子的情感体验。让孩子明白父母爱他,关心他。
2. 鼓励孩子多多欢笑。
3. 和孩子做游戏,耐心培养孩子和他人的合作交往能力。
4. 上述一切努力均无效,应向心理医生请教。

抚摸,最温柔的安慰

深情地爱抚孩子可以让孩子心理安定,精神放松,从而以一个平和的心态对待他人。

父母可以抚摸孩子的手、脚、身体、头部等,不同部位的抚摸往往具有不同的含义。比如,摸摸孩子的脑袋,表示对孩子的赞赏和鼓励。无论是哪个年龄段的孩子,都喜欢被父母抚摸脑袋。当孩子完成一项任务时,你可以轻轻地摸摸孩子的脑袋,说:"做得真不错,继续努力哦!"当孩子情绪低落的时候,摸摸孩子的脑袋则表示安慰。孩子觉得自己的情感获得了关注,心里会觉得比较舒坦。

轻轻地抚摸孩子的头发,表示对孩子的无限爱意。父母帮助孩子梳理头发,并自然地抚摸一下,孩子会体会到父母传递过来的爱意,觉得非常的愉悦。所以,对于处于困难中的孩子来说,父母可以用这种方式来表示自己的爱,并鼓励孩子战胜困难。父母可以定期给孩子进行全身按摩,定期的按摩可以增加亲子沟通的机会,让孩子在按摩中享受父母的关爱。

哈里·哈洛曾做了一个著名的猴子实验,猴子在选择带有食物的金属丝做成的手指或不带食物的柔软的毛巾做成的手指时,婴儿期的猴子会挑选后者。实验说明,对动物而言接触爱抚比食物更重要。同样,患有疾病的婴儿表现出同样的行为,虽然有所需的食物,但如果没有情感上的爱抚和精心护理,他们还是每况愈下。这说明,对于一个幼小的孩子来说,他不仅仅需要生理上的触摸,更需要心理上的安抚,父母充满爱意的抚摸会使孩子的心灵获得巨大的快感。

可是,父母又应该如何来抚摸自己的孩子呢? 不同的时期,抚摸的方法是不同的。

胎儿、婴儿时期的抚摸

医学研究表明,胎儿体内的绝大部分细胞都具有接受信息的能力,它们能够通过触觉神经来感受体外的刺激,随着胎儿的不断增大,这种反应越来越灵敏。

可见,胎儿在妈妈肚子里的时候,就已经有了感觉。如果妈妈轻轻地抚摸自己的肚子,肚子中的胎儿就能够感受到妈妈的抚摸。这种抚摸可以刺激胎儿的触觉,促进胎儿感觉神经及大脑的发育,同时也使胎儿有一种安全感,感到交流的愉悦。这就是现在非常流行的抚摸胎教。一般来说,抚摸胎教应该安排在妊娠20周后,当胎动出现时,抚摸也可以进行了。

父母在抚摸胎儿时,要保持一种良好的心情,心里想象着胎儿可爱的样子,动作要温柔,父母这种美好的想法会通过抚摸传递给胎儿。当然,父母要注意胎儿对抚摸的反应。如果胎儿在接受抚摸后,轻轻地用蠕动来反应,表明它感到愉悦,父母可以继续轻轻地抚摸。如果胎儿在接受抚摸后,用力蹬踢时,父母就应该停止抚摸。并且,在抚摸胎儿的时候也可与语言结合在一起,这样不仅能够刺激胎儿的触觉,也能够刺激胎儿的听觉。

婴儿时期的抚摸

如果孩子在婴儿时期得到了足够的抚摸,长大后就会处事冷静,善于自我调适,这是因为他们制造的压力荷尔蒙较少,情感比较稳定。当胎儿离开子宫来到人世后,他会感觉到不适应,缺少安全感,因此,他们经常会用啼哭来表示自己的不安。而抚摸是让婴儿获得安全感的一种重要方式。

加拿大有关研究员在一个老鼠实验中发现,出生10天内经常被母鼠舔舐的小老鼠制造的压力荷尔蒙量是不受关爱的小老鼠的一半,而且制造的时间也较短。研究人员也发现老鼠应付压力的能力,和母鼠对它的关爱程度成正比。

青少年时期多拍肩膀

孩子慢慢长大,父母的抚摸方式也要发生变化。父母要学会经常拍拍孩子的肩膀,以表示自己对孩子的鼓励和肯定,同时,也表示父母放下架子,与孩子做朋友的姿态。不要小看拍肩,它能够迅速拉近彼此之间的距离。

池早香在她的著作《享受成长》中记录了这样一件事:

"儿子进入高一后,取得的成绩令人刮目相看。我不禁连写了几篇关于

儿子的文章,如《儿子,我的骄傲》《懒惰乎,勤奋乎》,文中充满了对儿子的理解。

'我看到你写我的文章了。'儿子对我说。

'你是怎么看到的?'我有点意外。

'不都在你的文档里吗?'儿子说。

'哦,对了,你操作电脑可比我内行。那你觉得妈妈写得如何?'我问。

儿子不语,笑着拍了拍我的背。

可我却分明听见了儿子的心声:'妈妈,哥们儿!'受儿子举动的感染,我也很哥们儿似的拍了拍儿子的肩膀。于是,母子俩又多了一层关系——哥们儿。"

当孩子做了让父母感到高兴的事情,或者孩子正为自己的所作所为而得意的时候,父母不妨拍拍孩子的肩膀,孩子一下子就会领会父母的意思,感激父母对自己的鼓励和赞赏。因为此时,拍肩往往可以起到"此时无声胜有声"的作用,能够让孩子的情感得到安抚。

拥抱,最深情的爱意

英国教育家斯宾塞在他的著作《斯宾塞的快乐教育》一书中曾经讲了一个故事:

小斯宾塞的到来,使我们全家沉浸在一种忙碌的幸福中。但这并没有中断我此前就开始的对一所孤儿院的研究。事实上,这项研究给我在儿童教育上以莫大的启发。

这是镇上唯一的一家孤儿院,刚开办不久。院长很喜欢和我聊天,并欢迎我对这里的孩子进行研究。不久前,孤儿院里的孩子们得了一种奇怪的

病。他们目光呆滞,没有兴趣到游艺室玩,食欲不振,偶尔还发出长长的叹息。院长请来医生,也就是镇上的奥尼尔大夫,但奥尼尔也没有办法。院长自然想到了我,让我去试一试。

我观察了一个下午,孩子们的沉闷让我揪心:这一群失去了父母的孩子,就像阳台上的雏菊一样,因为长期没有浇水,已经慢慢枯萎了。

我决定从镇上的学校请来一些十几岁的小女孩儿和他们一起玩耍。这些女孩子的到来使孤儿院的气氛立即改变。她们大声地笑、闹,把那些孤儿抱起来,亲吻,拥抱,抚摸,沉闷的孤儿院就像飞进了一群漂亮的天使。就这样,她们每天下午都在这里与孤儿们玩上半个多小时,周末的时间更长些。

不久,奇迹发生了,孤儿院的孩子们活跃起来,有的还像风一样绕着院子里的白杨树跑。他们眼睛发亮,食欲增加,身体明显转好。院长后来好奇地问我:"为什么会想到用这种方法?"我告诉他说:"你记得圣经上的一句话吗——一个父亲追赶自己的儿子,追呀追呀,拼命地搂住浪子的脖颈亲吻。"院长好像明白了,又问:"那孩子们得的是什么病呢?""皮肤饥饿吧,这种需求,是食物无法满足的,需要的是爱抚、抚摸。如果孩子长期得不到这种满足,就会发育不良,智力衰退,慢慢变得迟钝。"

当然,我也把这个方法用在刚来到我家不久的小斯宾塞身上。事实证明,如果对自己的孩子多一些拥抱、抚摸,有时甚至是亲昵地拍打几下,孩子在对外交往以及智力、情感上都会更健康。

拥抱孩子是一种良好的亲子沟通方式。孩子都喜欢被父母拥抱在怀里,这样可以感到无限的温暖,感觉受到保护而有安全感。神经学家理查德·赖斯蒂克指出,怀抱婴儿是使婴儿精神发育和社交方面发展的最重要因素。

有关研究表明,孩子在婴儿期如果缺乏拥抱,就会养成爱哭、易生病并且情绪易烦躁等坏习惯,而在婴儿期经常获得拥抱的孩子,则情绪稳定,活泼开朗,人见人爱。

有一个小男孩儿,性子非常急,他想要什么东西时,总是要求父母立刻给他,如果稍微晚了一会儿,他就会大哭大闹,父母被他闹得不知所措,哄

也不是,骂也不是。

后来,孩子的妈妈去咨询有关的心理专家。专家对孩子妈妈说:"你可以试试非语言沟通。"

"什么是非语言沟通?"男孩的妈妈有点不太理解。

"你少说话,少发脾气。"专家接着说,"如果下次孩子再这样的时候,你不要在意他哭闹,不要哄他,也不要骂他,简单地告诉他为什么不可以,然后自顾自地做事。等他闹够了,轻轻地抱抱他,什么话也不要说。"

"这能行吗?"孩子的妈妈疑惑地问。

"既不哄也不骂是要让孩子明白,他的行为是错误的,父母不想搭理他。在孩子哭闹完之后拥抱他,是让他明白,只要不哭不闹,慢慢表达才是父母能够接受的。"专家对她说。

"那我回去试试吧。"

一星期后,孩子的妈妈给专家来电话说:"孩子的脾气慢慢变好了。那天他刚吃完饭就想吃雪糕,我对他说,刚吃完饭不能吃,要一个小时后才能吃。孩子不依,就哭闹起来。我狠下心不理他,自顾自在厨房里收拾,这一个小时里,孩子的哭闹由强到弱,后来慢慢抽泣。等他不哭闹的时候,我走过去,轻轻地把他拥在怀里。孩子先是一惊,然后小声地问我,妈妈,我想吃雪糕可以吗?我轻轻地对他说,当然可以,但是,再过10分钟。孩子听话地点了点头,接下来,他就安安静静地等待着。"

拥抱,不仅仅是一种生理需要,更是一种情感需要。在拥抱中,孩子会感受到温暖,感受到关爱,感受到父母的鼓励,也能感受到自己的失误得到了谅解。因此,父母要学会用拥抱来鼓励孩子。

在日常生活中,父母们每天应该给孩子三次拥抱,以稳定孩子的情感,促进亲子关系的和谐。每天早上,当孩子醒来的时候,父母可以抱抱孩子,亲切地对孩子说:"亲爱的,新的一天又开始了,让妈妈抱抱吧!""孩子,生活是多么美好,你是多么招人喜爱!"由拥抱而开始的新的一天,对于孩子来说充满了愉快,即使因为赶时间而催孩子快点吃饭,孩子也会情绪稳定,不会感觉父母嫌弃他。

父母在接孩子放学回家的时候,不要拉起孩子的手就走,或者自顾自

地忙自己的活,而应该抱抱孩子,然后说:"宝贝,今天又学习了一天,告诉妈妈学了什么呀?""孩子,你看起来很高兴,有什么好消息要告诉我吗?"当孩子睡觉前,父母不要只对孩子说:"赶紧上床睡觉,明天还要早起。"应该抱抱孩子,温柔地对孩子说:"宝贝要睡觉了,让妈妈抱抱!"这样,孩子就能够带着甜甜的微笑进入梦乡,第二天又会是愉快的一天。

对于一些年幼的小宝宝来说,如果他们需要拥抱,父母就应该随时向他们张开臂膀,给他们以温暖的拥抱,让孩子在父母的怀抱里找到安全感,感受到父母的亲密感,实现情感的沟通。

当孩子完成了一项任务或者做了一件好事时,父母满意地拥抱一下,他会得到极大的满足。当孩子遇到了挫折或者困难,父母的拥抱则会让他增强信心,鼓励他去克服困难。有些父母觉得拥抱过于亲密,尤其是妈妈对待儿子、爸爸对待女儿的时候,往往避免拥抱,实际上,拥抱正好促进父母与孩子之间的感情。

沉默,最有力的鞭笞

"沉默是金",这句话也适合家庭教育。沉默,看似一种消极的表达方式,其实不然,它是一种良好的沟通方式和教育方式,也是所有方法中家长最难理解和掌握的一种。

苏霍姆林斯基是苏联著名的教育家,他在自己的《认识自己,教育自己》一文中写道:柯里亚坐到课桌前准备好,正当他把两手伸到袖筒里,要取出答案时,他的目光突然与老师的目光相遇了,老师急忙把目光移开了,他从主考人桌边站起,沉默地走到窗前,柯里亚呆住了,等到他上前应考时,那位老师离开了教室,直到他答完,老师才又回到教室里来。从那以后,柯里亚再也没有舞弊过。遇到同学中有人偷偷提醒他时,他便总是想起老

师默默地走到窗前时的情景。我们通常把这种现象叫作"柯里亚现象"。这个事例说明了,适当地运用沉默比直接训斥的效果更好。

很多人不知道,沉默其实是处理父母与孩子间冲突很有效的方式之一。当孩子的情绪十分激烈的时候,父母千万不要火上浇油,更不要说一些伤害孩子心灵的话,诸如:"我怎么会生你这样的孩子?""你这个猪,去死吧!""早知你这样,当初真不应该生你!"

有一位妈妈又生了个小孩儿,可是已经4岁的大女儿却对此非常不满,她似乎感觉妈妈不像以前那样爱她了。这天晚上,她看到妈妈认真地给3个月大的弟弟喂奶,并哄他入睡的时候,她生气地对妈妈说:"妈妈,我讨厌你!"说着,女儿跑进了自己的小房间。

突如其来的声音把小儿子吓得大哭起来。妈妈一下子手忙脚乱起来,爸爸有点生气了,斥责女儿:"你看妈妈多累,每天要照顾你和弟弟,你怎么可以这么不懂事?"妈妈轻轻地拉了拉爸爸,示意他不要再说话。然后,她轻轻拍打小儿子,让他安静下来,并让爸爸哄儿子入睡。妈妈来到女儿的房间外,只见女儿抱着小熊独自哭泣。妈妈没有说话,只是默默地坐到女儿的身边,见女儿没有反应,妈妈又拿来了女儿最爱吃的水蜜桃,放在女儿的面前,并微笑地看着女儿。女儿终于扑到了妈妈的怀里,抽泣道:"妈妈!"

妈妈对她说:"宝贝,妈妈怎么不爱你呢?弟弟还小,需要妈妈的照顾,妈妈以前也是这样照顾你的,现在你看你长得多可爱!"女儿高兴地笑了。

家庭教育中,很忌讳父母的火暴脾气。聪明的父母应该努力调整自己的情绪,在面对孩子的激烈言语和行为时,应该适时沉默,使孩子也冷静下来。自己再寻找恰当的时机,与孩子谈心,向他说明道理。

相反,父母的喋喋不休在教育孩子上不仅没有太大的力度,会让孩子产生反感。

前苏联纪实文学《卓娅和舒拉的故事》中描述了这样一件事:

一天,舒拉跟别的孩子打架,把大衣全撕破了。母亲看到撕破的大衣,又气愤,又难过,但她没有大声地斥责孩子,而是默默地、一针一线地缝补着大衣,一直做到深夜。这种长时间的沉默无异对舒拉是一种严厉的惩罚,使他在母亲的沉默中感受到良心的谴责。用舒拉以后的话来说,"经受羞耻

是一种难以忍受的、痛苦的心灵的鞭笞"。舒拉起初一直羞愧地注视着母亲,最后实在忍不住了,便向母亲痛悔地说:"妈妈,我以后永远也不再这样了。"

著名儿童心理学家海姆·金诺特说过,"道德的震动"往往比言语的惩罚更有力。在孩子心中,他们也知道什么事自己做得对,什么事自己做得不对,但是为什么当父母指出他们的错误时,他们会不认错,或当时认错了,过后又继续犯错呢?如果从父母这边找原因,往往是因为父母处理问题不当——当他们一看到孩子犯了错误时,便不由分说地暴跳起来,不是指责,就是责骂,结果孩子反倒不愿认错了。而父母的沉默冷静却让他们心灵不安,从心灵深处感觉到愧疚,感觉到再不能这样做了。

适当地运用沉默来教育自己的孩子,起到"此时无声胜有声"的教育效果,相信一定能够改善父母与孩子之间的关系的。

通常,小孩子会有一些不良的行为,比如爱搞恶作剧、说脏话等,这实际上并不代表孩子的道德出了问题,而是孩子受到外界环境的影响,模仿他人的行为而出现的不良行为。在这种情况下,大多数父母习惯于呵斥孩子、严厉地批评孩子,这样,无疑给孩子一个负面强化的信号,孩子反而会越来越喜欢这种不良的行为。

老卡尔·威特讲过这样一件事情:

"我的一位朋友的儿子是一个非常调皮的孩子,经常做一些令父母烦心的事情。有一天,这位朋友找到我,对我说:'我的儿子真令人讨厌,他不仅喜欢嘲弄别人,连吃面包也与其他孩子不同。他明明知道我讨厌他的某些行为,可他偏偏那么做,好像是专门在气我。'

那天,我和朋友在一起共进午餐。在饭桌上,我特别有意地观察了一下这个调皮的孩子。我发现,这个孩子在吃面包的时候,把面包皮细心地剥下来,然后用手把它捏成一个球形吃掉,而把剩下的部分丢在盘子里。与此同时还得意扬扬地对他母亲说:'妈妈,我把面包皮剥下来了!'他的母亲看见后,便开始训斥他:'你怎么总是这样,居然还当着客人的面。'这时,他的父亲似乎也要发怒了。我给朋友使了一个眼色,示意他不要发怒。饭后我给他讲了一个'对付'孩子的办法。

过了一会儿，这个孩子又故伎重演，像往常那样把面包皮剥下来后，又对母亲说：'妈妈，我把面包皮剥下来了。'可是，他的母亲只说了声：'我知道。'

孩子说：'你不说我吗？'

'不说。'

没过多长时间，那位朋友又找到了我，说孩子现在已经没有剥面包皮的习惯，也和其他人用一样的方法吃面包了。他觉得很奇怪，问我是什么原因。"

老卡尔·威特指出，其实这个道理很简单，因为孩子的那种做法就是为了引起别人的注意，即使被父母责骂，他也会觉得受到了重视。在他眼里，父母的责骂就是一种奖励，而他的做法就是为了这种奖赏。后来，父母对他的这一举动不闻不问，毫不关心，他自己也渐渐觉得没趣了，所以在不知不觉中改掉了坏习惯。

亲子沟通的其他细节

与孩子"沟通"时，要让孩子了解父母对他们的爱和希望。以下细节，需要父母注意：

一、肢体语言的接触

一般而言，东西方的差异在于西方民族较热情奔放，东方则较含蓄、保守，这样的性格差异，亦显现在彼此的育儿态度上。我们建议东方父母应适当学习西方父母，多与孩子进行肢体的接触，如拥抱与亲吻，因为某些时候情感的交流与了解，借肢体语言的传递，反而较言语来得深切。

二、固定的 Family time（家庭时间）

每天固定一个时间，如睡觉前的半个小时，和孩子相处，讲故事、聊天、

玩游戏,任何你所想到的事情,都可以在这个时候共同实现、完成。

三、言出必行

平时父母对孩子的任何承诺都应履行,绝不可有反复、后悔、遗忘,或是抱着"反正孩子还小,什么都不懂"就算了的态度。如此,孩子才能确实建立对父母的信赖感,进而产生信任与默契。

四、立即给予回应

当孩子唤你时,或时而在你身边打转时,父母应立即给予回应或亲切询问他是否有事要告诉你;或许孩子只是感到寂寞,想得到你的一个关怀的拥抱罢了!

中国父母权力一向较大,常因担心孩子小不懂事而擅自为其决定大小诸事,其实此举只会减少孩子学习自主及独立的机会。建议父母从孩子小的时候便养成习惯,不论家中任何决策或与他有关的事宜,皆事先与之讨论或告之原因。

五、父母和谐

父母之间感情是否和谐,绝对影响育儿方法的成效与否,如果彼此老是"短兵相接""兵戎相见",成天只顾着唇枪舌剑,大演谍中谍的戏码,那么只会使你的孩子变得沉默寡言而自闭了。

六、常说:"我爱你!"

父母要记得常对孩子说:"我爱你!"千万别觉得肉麻而不愿说。当你心中有所感,便要说出让他知道,同时也教导孩子适时地表达自己的感受,所以千万不要吝啬说:"我爱你!"

七、同甘共苦

人与人能够同甘共苦是一种优秀品质,在家庭中反映尤其强烈。人们都知道,"同甘"容易"共苦"难。在人们普遍重视物质利益的今天,"同甘"也

变得不那么容易了。有的家庭钱多了，条件好了，于是有的成员"节外生枝"，把共同创业的艰辛忘得一干二净，重又把"甘"变成"苦"——精神上的苦。此种现象屡见不鲜，说到底是素质不高，眼光短浅所致。

家境寒苦，最能考验人。许多家庭经济不富裕，甚至相当清苦，但是成员之间患难与共，照样营造出温馨和睦的心理氛围。

如果不能同甘共苦，父母只知道一味地追求物质享受，那么孩子也就不会尊重父母。

八、考虑周详后再说

要针对问题，不要对孩子进行人身攻击，更不要把过去的错误和现在的错误纠缠在一起。不然，只会引起他们的反感，甚至拒绝交谈。

九、尽快消除怒气

做父母的难免会发怒。发怒是一种情绪失去控制的表现，在怒气中解决问题往往容易犯错误。事后，一旦觉悟到自己不对，就要有勇气承认错误。这样，父母的心和孩子的心才能沟通。

十、用爱心说诚实话

父母和青少年孩子之间既要坦诚地说出自己的感受，又要用爱心说诚实话。父母应该对孩子有更深一层的关怀，不但要有完全的真诚，还要有完全的感受。

十一、避免争吵

父母在处理孩子的事上要保持冷静，并且尽可能做到理智、公正，这样对于密切关系、避免争吵是很有效的。

十二、要强调积极面

父母只谈孩子的缺点和过失，甚至夸大孩子的缺点和过失，这样做，只会使关系恶化。不如记着孩子的优点和长处，并欣赏和鼓励之，这样才有助于亲子关系健康地发展。

第六章

提高孩子的沟通素质

健康的心理是沟通的基础

一个孩子的沟通素质的高低,通常和他的心理有一定的关系。具有健康、阳光心理的孩子,一般都可以与周围的人进行良好的沟通。那么,心理健康的孩子除了具有正常的行为符合年龄特征以外,还具有什么心理特征呢?

首先,能够协调和控制情绪,能经常保持开朗和乐观的心境,善于发现生活乐趣,对生活充满希望,即使出现消极情绪,也能自己化解。

其次,具有较强的意志品质,生活目标明确,行动自觉性高,抗挫折能力强,自我控制力强。

最后,人际关系和睦,对人热情、诚恳,富有同情心,乐于与他人交往,与人为善,宽以待人,与他人友好相处。

不同的学者也为心理健康定了不同的标准。美国著名的人格心理学家奥尔波特认为心理健康的标准是:

(1)力争自我成长;
(2)能客观地看待自己;
(3)人生观的统一;
(4)有与他人建立亲睦关系的能力;

(5)具有人生成长所需要的能力、知识与技能；

(6)具有同情心,对生命充满爱。

著名的心理学家马斯洛也提出了10条心理健康的标准：

(1)充分的安全感；

(2)充分了解自己的能力并能做适当的估价；

(3)生活目标切合实际；

(4)与现实环境能保持接触；

(5)能保持人格的完整与和谐；

(6)具有从经验中学习的能力；

(7)能保持良好的人际关系；

(8)适度的情绪表达及控制；

(9)在不违背团体要求前提下,能适当满足个人的基本需求；

(10)在不违背社会规范前提下,能适当满足个人的基本需求。

目前,我国的心理学专家也对健康的心理标准做了界定。通常认为,健康的心理标准包括以下7个方面：

(1)智力正常；

(2)情绪健康；

(3)意志坚强；

(4)行为协调；

(5)人格健全；

(6)人际关系和谐；

(7)能积极地适应和改造现实环境。

好个性才有好沟通

良好的个性和优秀的智力、品性和身体一起,构成了少年儿童成才的

重要基础。一般情况下,对个性的分类包括:内向与外向、情绪型与智力型、冲动型与被动型、稳定型与不稳定型。通常,孩子太外向,就不容易管教,也不太懂礼貌;孩子太内向,做事不大方,又容易受人欺负。理想的状态当然是培养一个集优良个性于一身的好孩子:既不太外向,又不太内向;既不怯懦,又不过分争强好胜;既不自卑,又不盛气凌人。

但是,良好的个性是什么,优良的个性如何培养,目前心理学家对此并没有形成统一的认识,心理学中对个性的理解也从来不是借助于"个性是……"方式来展开的。此外,对个性的形成过程,目前的精神分析学派、社会学习理论和自我实现理论等学派也有诸多不同的解释。这告诉我们个性的培养不存在什么普世的经验,甚至缺乏有针对性的实践方法。不过,在长期的研究和实践当中,心理学家和教育学家还是总结出了许多有用的方法或原则。

1. 个性形成的良好起点

稍加留心的父母都会注意到,很小的孩子就会表示同情。比如,如果别的小孩儿哭了或不高兴了,自己的孩子有时会把自己的玩具或食物递过去,以示安慰。心理学家认为,同情心是人性发展的最初起点,是其他情绪如羞耻、内疚和骄傲产生的基础。没有最初的同情心,就不会有从承担家务到为国捐躯的所有行为。所以,培养良好个性首先要从爱护孩子的同情心入手。比如,当孩子将自己的玩具、食物送给别人时,不要批评,甚至不要有不高兴的暗示。

但仅有同情心还是不够的。良好个性还需要另一块基石:自律。自律,即对自我的约束,是由自尊、自控、社交能力和责任感等心理特征综合而成的一种心理品质。

我们都知道,小孩子很任性,不知也不会约束自己。那么,自律感又是从哪里来的呢?心理学研究发现,父母的教养风格与孩子的自律能力的形成和发展有很大的关系。比如,接受、热情、坚持原则和规矩,以及支持孩子的独立活动的教养风格容易培养出健康的个性,而"对孩子控制很严的父母更看重服从而非独立性,他们更可能告诉孩子不要质问大人,孩子的观点无关紧要,因为他们还是小孩儿,等等。在这类家庭中,表现独立性会引

起皱眉,并被等同于不尊敬长者"。

2. 模仿与榜样的力量

榜样的力量很强大,小孩子尚没有分析能力,他们通常会参考别人处理问题的方式来处理问题。回忆自己的成长往事我们会发现:当一群小孩儿游戏时,如果一个孩子带头往湖里扔石块,其他孩子很可能都争着来掷石块;当领头的孩子说他不跟某个孩子好时,他的众多追随者也都可能做出同样的表示。

不论是专家还是普通父母,大家都对榜样或模仿在孩子发展中的重要作用印象深刻。因此,才有"近墨者黑,近朱者赤"的至理名言,才有父母对孩子所上学校的风气和所交往朋友的深刻关注。但是,只知晓榜样或同伴有影响作用是不够的,我们还要认识到榜样作用的时代特点:在西方,"当今父母所遇到的课题是,在与教学、学校和四邻的传统联系大为破坏的日益复杂和伦理混乱的世界中,如何培养出健康的孩子"。在中国,随着经济、社会和文化生活的急剧变革,孩子在选择其学习榜样、心中偶像和想成为什么样的人方面也遇到前所未有的挑战。比如说,十多年前,孩子心目中的理想人物和英雄大多是科学家、革命烈士、解放军和大学生等,而当今他们可能崇拜的是歌星、富商、高官。当少年孩子的学习榜样发生变化之时,家长应该意识到其对孩子个性成长的影响。

3. 内因是变化的动力

孩子不听话或做错了事,打他一顿虽不太常见,但说他几句或批评他一通却还是普遍的现象。一般说来,处罚或批评至少可以起到两个作用:一是制止错误的继续存在或再次发生;二是为了调动孩子内部的力量,增强自我约束能力。这是因为不论在国内还是国外,大家都相信"外因是变化的条件,内因是变化的动力"。

但这又涉及另一个问题,即我们想调动孩子内部的哪种动力? 更明确地说,我们是要通过批评或惩罚调动孩子的羞愧、内疚或恐惧感,还是应该通过赞扬、鼓励和支持调动孩子心理中的积极因素如兴趣、热情和上进心等? 对于这个问题,以下为大家介绍的孩子教育史,会使大家处理这个问题时更有分寸。

在弗洛伊德之前,孩子是被当成小大人来看待的。因此,对其施以批评、羞辱和体罚在当时都是比较普遍的现象。当心理分析派的理论传播开来之后,人们普遍认为,由惩罚和批评等所带来的羞愧、内疚和焦虑感不但不会促进孩子的发展,反而会导致将来的精神和人格障碍。再加上后来人权运动、民主运动、自尊运动和孩子中心主义的推动,消极教育手段和方式几乎在西方被完全废止。例如:母亲发现其6岁的儿子从幼儿园偷回了别的小朋友的玩具。母亲去幼儿园找老师,希望共同找出办法以帮助孩子认识到偷别人的东西是不对的。而老师听完母亲的陈述后说:对不起,夫人,在幼儿园我们不用"偷"这个词,我们称其为"不合作行为"。

但是,根据最新的研究成果,心理学家已不再相信羞愧和负罪感会导致心理疾病。心理学家甚至认为,如果没有这些基本的情绪反应,孩子的个性就不能得到正常的发展。但大多数专家仍认为,公开羞辱、批评或惩罚所调动起来的是丢脸和气愤,而不是积极、建设性的态度。因此,无论教师还是家长,都应尽量寻找更温和、更中性的办法来纠正孩子的不当行为。

4. 习惯决定个性

当你走进正在读中学的儿子乱糟糟的卧室的时候,一方面你为总替他收拾房间而牢骚满腹,另一方面你又担心:这么乱的屋子是否说明他的个性有某些问题。对此,你爱人总是开导你说:这是小问题,只要他学习成绩好就行。你是不是也附和了你爱人的想法呢?

对于习惯和个性之间的关系,专家们尚未形成一致的看法。有些专家认为,良好的秩序和生活规律是良好个性的基础和标志,应该作为个性培养的重要内容之一;也有些专家认为,习惯与个性之间的关系是间接的,只具有审美意义。比如说,成人之间在习惯上的差别就很大:有的从不收拾房间,有的则总是要求一切整洁。但两者在成就上却难分伯仲。

在家庭教育过程中,家长要看重良好习惯的养成,尤其是要守秩序、有纪律、信守诺言和不撒谎等,并通过校规、校风、传统教育、竞技活动和各种奖励手段加以强化。也有些家长不太重视这些"硬性的"行为表现,而更重视学习成绩、自尊心、学习兴趣与生活热情的提高和发展。很难说这两种做法孰优孰劣,主要是要根据环境要求、家庭的实际情况去做。但关键是,各

方面对孩子的要求要统一和一致,尽量避免和减少相互矛盾、彼此不协调。

提高语言沟通能力

语言表达能力,是人与人沟通的基础。父母要想法提高孩子的语言表达技巧,提高他的沟通能力。

如果你听到我们的建议"多和你的孩子交谈",你的反应大概和大多数的父母一样——"哦,但是我们已经这样做了。"这很好!但还是让我们来听听专家在交谈的次数及时间、交谈的方式和语调等方面的建议。我们会给你提供一些具体的方法来帮助你的孩子提高语言能力。

大部分的父母认为他们和孩子沟通的次数已经很多了,但事实上还有更多的机会可以利用来增加你和孩子的沟通次数。哈特和里斯利发现,每天和你的孩子多交谈几分钟,长此以往就会大大提高你孩子的语言能力。

在一个拥有大量语言交流的家庭里,婴儿到12个月时就能接触过1300万个词汇。当然,这些词汇绝大多数是重复的,其中很多是大人们之间的语言交流,并非是针对儿童的,但这并不妨碍他接受这些词汇信息。

而在一个不经常进行语言交流的家庭里,婴儿到1周岁时只能接触到

大致 800 万甚至更少的词汇量信息。

不仅和孩子直接交谈的数量在孩子语言能力的发育上起了关键作用，和孩子直接交谈的质量也如此。为了提高和孩子交流的质量，你可以考虑一下以下所提到的成功秘诀。

良好的口头交际能力的重要标志之一，就是与孩子间建立起一种积极的互动关系。当孩子发出口头、面部和姿态方面的信号时，积极的反应方式要比科学家们所谓的"偶发式"反应要好。起初，孩子发出各种信号，以表明他们开始理解语言，包括理解你说话的节奏以及你同他说话时的面部表情。当人们对婴儿讲话时，他们会"端详"说话者的脸庞，并会利用从中获得的信息来估量他所处的环境。

正是由于偶发式反应的不足，使得电视和录音带对孩子脑的刺激效果比起父母和照顾者的刺激效果要差得多。电视上说话者的特写图像生动性极差。实际上，以游戏和其他办法作为非语言刺激的形式比让孩子坐在电视机前效果更好。

尽管不知其名，但几乎所有的父母都很熟悉"父母爱语"，也叫"父母诗文"或"口头韵文"，这是一种语速缓慢、语音优美清脆而又抑扬顿挫的言语形式，它是父母同孩子讲话时用的，这种言语形式几乎遍及全球，各种文化类型中都能听到它。不过，它不仅仅是一种亲切的话音，有证据表明这种富有音乐感的韵文形式有助于婴儿获得语言能力，这种优美动听的言语在音高、音长和停顿方面富于变化，有助于孩子梳理他听到的话语，区分词语的起始点，并能帮助他集中情感和注意力。

换句话说，"父母诗文"不仅是用来抚慰和取悦孩子的，它使孩子有效地做好了学习语言的准备。通过与孩子沟通并运用父母诗文的表达方式帮助孩子提高语言表达能力，不仅使沟通切实有效，还会使孩子更聪明，这对孩子的成长是十分有利的。

鼓励孩子真实表达自己

一位妈妈领着儿子去买菜,回家后儿子兴奋地对妈妈说:"妈妈,你看这是什么?"说完,他像变戏法似的,从裤兜里掏出一个土豆。妈妈问他这是怎么回事,他说是在路上捡的,妈妈觉得这事有些蹊跷,就追问了几句。最后,儿子说当时有很多人在挑土豆,由于人多卖土豆的摊主没有看见,他就偷偷地拿了一个。

儿子本以为会受到表扬,没想到妈妈的脸色却严肃起来。妈妈对儿子说:"农民伯伯挣钱很辛苦,你怎么能偷他的土豆呢?我们做个诚实的好孩子,把土豆还给爷爷。"儿子噘着小嘴不高兴地说:"妈妈,我可不去,反正他也不知道。"看儿子不依不饶的样子,妈妈就给他讲起那个家喻户晓的《狼来了》的故事。听完故事后,儿子若有所思地对妈妈说:"妈妈,我们走吧!我要做一个诚实的孩子,但这件事情你千万别告诉小朋友。"妈妈欣然点头。见到摊主后,儿子像个害羞的姑娘似的拿着土豆对摊主说:"爷爷,对不起,刚才趁你不注意多拿了一个土豆,还给你。"

每个人的一生中都会有说谎话的经历,日常生活中,我们也常可以看到有些孩子说假话,我们要鼓励他们真实的表达,并加以引导。通常,孩子说谎究其原因,主要有:

一是孩子年纪小,心理正在发育中,记忆力和理解力还未成熟,知识经验贫乏,有时容易记错问题,有时对成人提的问题不理解,这样就会产生答非所问或完全答错、说错的情况。

二是孩子的行为很多都是从成人或别人那里学来的,有时分不清是非,别人怎么说,自己也这么说;别人怎么做,自己也跟着这么做,结果有时说了不真实的话,做了不该做的事。

三是孩子的注意力不够集中,有时厌烦成人的啰唆,随便地应付几句,

第六章 提高孩子的沟通素质

结果把话说得不真实了。

四是孩子做了错事,而且也承认了错误,做父母的却不分青红皂白打一顿,结果使孩子怕把做错的事告诉成人或者完全不承认做错的事,造成说谎骗人的后果。

分析孩子说假话的原因,前面三种情况都是由于孩子的生理、心理发展特点所造成的,不应该认为他们在说谎话骗人,也不应该受到指责和批评,而应该积极的解释引导,使其认识到自己心理上的不成熟或缺陷而加以克服。而后一种情况则是因父母处理不善没有正确的教育和引导孩子造成的,应该引以为戒,改革教育方法。

培养孩子诚实、说真话,和孩子沟通的时候要从如下几方面着手:

1. 向孩子说清楚说谎的坏处

人们处理问题的科学态度是实事求是,诚实的人就是实事求是的人;而说谎者由于不实事求是,弄虚作假,结果总是以害人开始,以害己告终。那个经典的寓言《狼来了》讲的就是一个牧羊人说谎话的故事:有一次,放羊的地方并没有狼来,他却大呼"狼来了",以此来骗群众上山,自己则坐在那里大笑群众受骗上当的狼狈相。然而,当真的狼来吃羊时,他的"狼来了"的呼声再也没有人听了,结果成群的羊被狼叼走了,损失惨重。类似这样的童话故事,有很好的教育作用。

2. 父母应做孩子仿效的模范

有些孩子说谎话常常是由于父母的影响造成的。有这样一件事:父亲困倦正想睡觉,孩子告诉父亲,门外有人敲门叫他,而父亲则叫孩子说谎,

假说父亲不在家把客人骗走。这样做父亲的虽然达到了目的,但孩子却从这里学到父亲骗人的一套。可见,父母、师长的错误行为时刻影响着孩子,必须特别注意。

一个作家在他的文章中感叹:"一个孩子问我:为什么大人常常教我说假话?问得我心惊。那孩子还告诉我,有时候他说了真话反而受惩罚,说了假话却受到奖赏。"作家说他无法忘记孩子"迷惘"的眼神。

3. 积极鼓励孩子改正错误

不管孩子做了多大的错事,只要敢于承认并决心改正,父母都要旗帜鲜明地加以表扬鼓励。

至于孩子做错事后说了谎话,则要具体分析原因,具体加以处理,不可一概而论,特别不要打骂孩子,因为孩子做错事,一般都持有良好的动机,只是由于体力、方法或其他方面的原因而把事情弄坏了,这不应该受到批评指责,而应该在表扬鼓励他们做好事的同时,很好地引导他们怎样做才不致出错,以保持他们的积极性,并使他们在以后出错时不会怕挨打骂而说谎。

4. 通过小事实践诚实

指导孩子处理问题。从小事开始,严格遵循实事求是、老老实实的原则,绝对摒弃花言巧语、弄虚作假的作风。还可以专门设计一些考验孩子的情境,让孩子做一些易于出错的行为,在实际中考验和锻炼他们。

训练幽默感

幽默感是"情商"的重要组成部分之一。具有幽默感的孩子通常很乐观、开朗活泼,能在生活中不断地制造欢笑,让周围的人感到轻松愉快,自己也会富有成就感和自信,人际关系也要比不具幽默感的孩子好得多。

可是,同一父母所生的儿女,为什么有的小孩比较爱笑?有的小孩则喜欢皱眉头?笑眯眯、爱笑的小孩,谁不喜欢?与笑口常开的小孩亲近,谁不乐意呢?

专家解释,所谓的幽默感就是通过语言或肢体语言的表达方式,让与自己互动的对象感到愉快的言语或举止。有这种言行举止的人,我们称为具有幽默感的人。

美国是一个崇尚幽默的民族。美国人不仅把幽默看作是一种可爱的性格,而且视其为可贵的品质。因此在许多美国父母看来,培养孩子的幽默感也是素质教育的一个有机组成部分。

美国专家从事的专题研究结果表明,人的幽默感大约3成是天生的,其余7成则须靠后天培养。因而在儿童教育专家的倡导下,许多父母甚至在婴儿刚出世6周便开始对其进行独特的早期幽默感训练。实际,不少较聪明的婴儿这时确已萌发幽默意识。

研究同时发现,幽默感从出生后第一个月便开始了,如:小Baby在父母的逗弄下,便会呵呵地笑个不停;而1岁左右的孩子,会因为玩藏猫猫而狂笑不已。孩子幽默感的发展与下面几个因素有关:

1. 语言认知能力:孩子的认知与语言能力发展到某个程度后,幽默感即形成。当他听到或看到某件有趣的事时,经过判断后,就会发出哈哈的笑声。孩子的幽默感与成人的幽默感是不同的。

2. 父母的关怀:在3岁前得到父母疼爱与照顾的幼儿,会表现出比较好的幽默感。因此,要使孩子成为一个具有幽默感的人,父母应多给予孩子爱与关怀。

3. 愉快的学习气氛:在孩子成长学习的过程中,若总是处于一个轻松、愉快的学习气氛,会使孩子体验到快乐,并促使他以快乐的心情来看待周围的人或事物,有利于幽默感的形成。

对此,美国家庭中根据不同年龄段开展不同的幽默感教育:

1周岁左右的孩子对他人的脸部表情已十分敏感。在其学步摔倒时,美国的父母们大多是冲他做个鬼脸以表示安抚。幽默的力量是无穷的,此时他往往会被大人扮的鬼脸逗得破涕为笑。不仅如此,父母还鼓励孩子们模

仿做鬼脸,做得愈怪异愈能得到赞赏。

2周岁时的幼儿已能从身体或物品的不和谐性中发现幽默。如,大人把袜子戴在自己的手上,脸上则露出难受的表情。在美国,若孩子这时也学着把手套穿在脚上,父母不仅不对孩子横加指责,相反跟孩子一起哈哈大笑。

3岁幼儿的智力,已发展到能认识概念不和谐中所潜藏的幽默。当爸爸故意手拎妈妈小巧的女式皮包,或妈妈故意戴上爸爸粗大的男式手表时,孩子见了即会一边摇头一边大笑不止。美国的父母往往默许孩子装模作样地戴上爷爷的大礼帽,手持拐杖,行步蹒跚,从模仿中体味幽默的快乐。

4岁左右的幼儿特别喜欢过家家,或扮演卡通人物。当美国人发现自己的儿子与邻家小女孩正在十分投入地扮演王子和公主时,不仅不阻拦,自己还可能客串坏蛋之类的小角色,添油加醋地让气氛更为生动、活泼。

5—6岁时,对语言中的幽默十分敏感。这时,美国父母会利用同音异义词和双关语的巧用及绕口令等的学习,增强孩子的幽默感。

7岁的孩子大多已上学。他们往往喜欢讲笑话、听笑话。有些笑话虽不够高雅,但大人们一般不去粗暴地批评乃至责备。他们认为,此时的孩子,尤其是那些淘气的男孩,往往会通过笑话或恶作剧来平衡或调节自己的心态。尽管其中的幽默可能让大人们不快甚至难堪,但大人理应包容。原因很简单:这是孩子成长过程的一个组成部分!此时若大人能正确引导,让孩子们知道什么是粗俗,什么是幽默,才是明智之举。

8岁以后的孩子已初具幽默感。美国的父母常常倾听孩子们讲述有关学校生活的小笑话,并发出会心的欢笑,对孩子的幽默感做出肯定的表示。此外,大人们还常常引导孩子们编幽默故事,改编电影、电视剧的情节或加添令人捧腹的结局。当孩子进入小学高年级时,学校会常常组办有关幽默故事写作或讲述的比赛。对于这类能起到增强孩子幽默感的活动,父母们大多予以无保留的支持。

人与生俱来就有幽默感的因子,如果父母能好好鼓励并加以培养,让孩子成为一个幽默的人不是一件难事。那么该如何培养孩子的幽默感呢?以下提供一些方法,可供父母参考:

营造气氛:当孩子哭闹时,父母若懂得在一旁营造气氛,抱抱他、拍一

拍他、安抚他,"怎么了,妈妈的小宝贝,为什么哭得跟小花猫一样?有什么事妈妈可以帮你的忙吗?"温柔、幽默的表达方式,有助于孩子忘记哭泣,破涕为笑。因此,当孩子说出一些好笑的笑话和语言,或是表现出一些有趣的动作时,别忘了给他一些掌声和鼓励,建立他的自信心。

除此之外,专家也提醒父母,在引导孩子具有幽默感特质时,应注意一些事项:

1. 幽默感的语言以不伤害他人为原则。
2. 幽默感的语言要注意人际间的礼貌。
3. 幽默感的动作以不涉及危险动作为原则。
4. 与孩子说笑话或表演滑稽的动作时,要考虑孩子的年纪。

因为大人认为好笑的语言或动作,孩子不见得有同感。但孩子认为好笑的语言或动作,大人要陪孩子一起笑(虽然从大人的角度来看也不见得好笑)。

5. 孩子最快乐的莫过于做自己喜欢的事情。

即使孩子不能完成,大人也不可操之过急,应耐心地等待、引导,并适时给予协助。

总之,充满幽默感的语言和事物能让孩子的眼睛亮起来,无形中也刺激了孩子的思维和语言能力。当你对孩子说:再不收拾玩具,以后就不给你买玩具了。其实不妨加一点幽默调味料,如"玩具们玩了一天都累了,要回家休息了,不然他们要哭了。"让自己和孩子在有目的的语言和气氛中轻松一下。给孩子足够的空间,让他们寻找自己的生活乐趣。

孩子的幽默性格一旦形成,对其一生都将产生重要的影响。具有幽默感的孩子大多开朗活泼,往往更讨老师的喜欢,人际关系也比不具幽默感的孩子好得多。幽默还能帮助孩子更好地应对生活和学习中的压力和痛苦,因而幽默的孩子往往比较快活、聪明,能较轻松地完成学业,甚至拥有一个乐天、愉悦的人生。

让孩子不对父母依附

横滨大学社会学专家吉野力男教授在接受记者采访时分析说,"啃老族"中绝大部分是最初的几代独生子女,从小受到父母的百般呵护,从来没有受过任何委屈,适应社会的能力较差。受传统观念影响,父母对孩子的期望,在社会化过程中产生了偏差,大多数父母在抚养孩子的过程中,更关心孩子生理性健康,比如衣着是不是避寒保暖,膳食是不是营养可口,而忽略了孩子人格是否成熟等精神性健康,不注重孩子的独立性、自我奋斗、家庭责任观的培养。也正是这种根深蒂固的传统观念,造就了孩子"在父母面前永远是孩子"的性格依附心理,使得孩子从精神上无法"断奶"、经济上难以独立。

在美国的教育理念中,提倡在逆境中培养孩子的抗挫折能力,塑造孩子的独立性。在美国,几个月的孩子就要独自喝水喝奶,1岁多的孩子基本是自己吃饭,2～3岁便已独居一室。在大街上很少能看到抱着孩子的美国人,他们主张孩子要尽早地独立行走。如果孩子不小心摔倒了,他的母亲竟然会一声不吭地等在那里,而孩子也习以为常地、一声不响地爬起来继续赶路。

美国的父母主张教孩子从小就做家务,并把每周要做的家务劳动内容张贴出来。他们也常将某一特定任务指定孩子去干,规定其完成任务的期限;轮换着做各种活儿,目的是让每个孩子都有机会去做没有兴趣或最容易干的工作;按时检查孩子完成工作的情况,使孩子因自己的劳动得到肯定而产生完成任务的成就感。

在美国,即使是家里很阔绰的大学生,也不愿伸手向他们的父母要钱花,而是坚持一面上学,一面"打短工"。因为他们觉得去劳动挣钱并不丢人,总比完全依赖父母供养要好。一位18岁时就被父亲鼓励离家"出走"的

女大学生说,她父亲的观点是,"对一个年轻人来说,最重要的事情有两件:一是受教育;二是要有独立性"。

美国人在家庭教育中,对孩子的鼓励多于保护,对孩子引导多于灌输。他们要求孩子全面发展,而不是拘泥于书本上的知识。另外,家长语言的作用也是美国父母在教育子女过程中极其注重的环节,他们从不使用刺激、嘲讽甚至侮辱、漫骂的语言,多以安慰、理解、鼓励的话语对待孩子。

日本也很重视孩子的自立、自信教育。乘火车、轮船旅游时,常常发现跟随父母旅游的日本孩子不论年龄大小,每个人身上都无一例外地背着一个小小背包。背包里装的都是些他们自己的生活用品。为什么要他们自己背呢?日本孩子的父母说:"这是他们自己的东西,应该由他们自己来背。"哪怕是象征性的,这对于养成孩子自理、自立、自主的意识和能力,是非常有好处的。

日本教育孩子的名言是:除了阳光和空气是大自然赐予的,其他一切都要通过劳动获得。许多日本学生在课余时间,都要在校外参加劳动挣钱。日本教育学家认为,在家庭教育中,学生做家务劳动是学生应尽的义务,如果孩子干活要付钱的话,这就是对家庭关系的扭曲,有的家长因孩子学习成绩好而赏钱,这无疑是一种贿赂。日本的家长认为在物质条件过分优越的环境中长大的孩子大多缺乏毅力。因此,他们从小就有意识的锻炼孩子的独立性,减少孩子对父母的依附。

让孩子有自己的圈子

很多父母都会遇到这种情况：孩子的同学来找他玩耍，家长也不管孩子是愿意还是不愿意，就不假思索地代他说："村田要看书，他不去。"久而久之，这些孩子便淡出了同学或朋友的圈子，变得孤立和内向。当小朋友玩耍的时候，他只是默默的呆在一旁，当其他人兴高采烈地谈论着一些话题，他不参加也不发表意见。他们慢慢习惯于自己独立的圈子，他们不知道该怎么样和别人相处，成为一个交际的失败者。其实，作为父母一定要让孩子学会正确处理人际关系，否则，这将影响到孩子将来的事业和生活。

教孩子学会正确处理人际关系，首先要让孩子学会和别人交往并友好地相处，有效的沟通在这里起着不容忽视的作用。

每一个人都出生在属于自己的国家、民族和社会的家庭里，他是属于这一环境的一个个体。每一个个体，从婴儿时起就不断地与他的父母、同伴以及其他人进行交往。作为父母，应该让孩子逐渐懂得人与人之间的相互依存关系，并学会自己处理一些简单的人与人之间的问题。

孩子之间的经验与能力相似，兴趣与感情相通，彼此完全处于平等、独立的地位，他们既互相吸引与模仿，又彼此竞争与对抗。父母应该"开放门户"，让左邻右舍、亲戚朋友的孩子之间建立"外交关系"，经常往来友好相处。

例如，邀请邻居家的小朋友到家中做客。父母可事先鼓励孩子思考如何做"小主人"，让他们想想，客人来后拿什么玩具和他一起玩，拿什么食品招待等。再如，当孩子看到别的小朋友玩游戏，自己也想加入，但不知道该怎么办时，父母应该鼓励孩子自己去交涉，并教给他们一些方法。

一位著名的教育学家曾讲过一个故事：一位妈妈带儿子去散步，儿子

看到一群小朋友在玩球,非常想加入,就拽拽妈妈的衣角,想让妈妈帮助说情,但妈妈没有直接去帮他说,而是鼓励他自己去协商。儿子胆怯地走近小朋友,轻声地表达了自己的意思,但小朋友玩得正高兴,谁也没注意到他。儿子赶紧跑到妈妈身边,再次请求妈妈的援助。妈妈笑着对他说:"这次你声音大一点对小朋友说,你想跟他们一起玩球。"儿子又一次鼓足勇气大声说出了自己的想法。但小朋友看看他,可能觉得他太小,并没有让他加入的意思。儿子很失望地回到妈妈身边,这时,球滚了过来,妈妈看了看儿子又看了看球,儿子似乎领悟到了什么,抱起地上的球给小朋友送了过去,也因此得到了认可,加入了玩球的行列。这样的同伴群体交往,丰富了孩子的经验,培养了他们的交往能力,引导孩子注意他人的情感变化,学会关心与理解他人的感情,激发孩子与他人分享快乐和解除别人痛苦的愿望。

父母还应该重视培养孩子与其他人相处的能力。例如,可以引导孩子参与公益性的社会活动、福利事业的活动等,增进他们与老年人、残疾人和其他地区的人们的交往,关心他人的生活,使得孩子从小就具有平等协作的思想与人道主义的精神。目前在我国开展的希望工程,是为了帮助贫困地区的孩子入学,父母可引导孩子关注这类"爱"的事业,并与孩子一起通过省下自己的零花钱,给有困难的小朋友献上一份爱心,让他们能重返校园,从而懂得什么叫助人为乐。所有此类的活动,不仅能开阔孩子的视野,而且有利于开阔孩子的胸怀。

提高孩子交际能力的途径

人生和事业的发展中,个人的交际能力起着非常重要的作用。卡耐基曾说过,一个成功的管理者,专业知识所起的作用是15%,而交际能力却占85%。交际作为一种能力,也是可以培养的,父母要树立从小就培养孩子交际能力的意识。那么作为父母,应该通过哪些途径培养孩子呢?

1. 在运动中提高

体育是一种直接与人正面接触和竞争的群体活动。不论是棋类还是球类,不论是田赛还是径赛,它总是要有两个以上的人参与才有意义。更重要的是,体育活动不但需要智能和力量,而且需要胆量。这胆量,正是人际交

往所必需的一种要素。鼓励孩子经常参加各种体育活动,既有利于增强孩子的身体素质,有利于培养兴趣,也有利于提高交际能力。孩子一旦爱上体育,就会主动寻找对手,这种寻找,就是交际;合适的对手,往往就是友谊的伙伴。

2. 在旅游中提高

利用节假日与孩子一起走出家门、走向社会、走向大自然,可以增长见识,陶冶性情,也可以培养兴趣、开放胸襟。旅游是一种开放性活动,交际也是开放性的,两者是相通的。

交际需要袒露自己,需要主动和热情,一个沉默寡言、性格内向,不爱活动、自我封闭的人,怎么会有很强的交际能力呢?在旅游中,有时要买车票、住旅馆、进饭店、购门票,假如父母有意识地要孩子去做这些事,那么,孩子就可以直接接触到一些新的对象,了解新的交际内容。旅游结束,见识广了、谈资多了,这又给以后的交际增加了话题。

3. 在购物中提高

可以根据孩子的年龄大小,有意识地要他们进行小件物品的购买活动。年龄较小的,八九岁的,可以叫他们买油盐酱醋;年纪稍大的,十四五岁,可以叫他们买鱼、肉、米、煤等,也可以要他们买自己穿用的鞋、袜、手套之类。家中有什么旧报纸、旧衣服、空酒瓶等,可以叫他们去收购站卖。商品交易是人际交往中的一种特例。在交易中,它可以接触到各种各样的人,有利于丰富交际对象和加深对人的了解和认识,从而提高自己的交际能力。孩子由于缺乏经验,在初次交易中可能会吃亏或出现差错,对此,父母不要过多指责,以免影响他们交际的信心。

4. 在做客待客中提高

到同学或邻居家去串门,到亲戚家去做客,让孩子独自去,这都是锻炼孩子交际能力的机会。串门做客,需要寒暄和问候,也需要交谈和有关礼物的收送。与父母一道去,孩子是附带的,不用应酬,没有压力,应酬的主角是父母。让孩子一个人去,自己成了主角,与对方的一切接触都得由自己来应酬,这无疑把孩子推到了前线,促使其考虑如何交际。家里来了客人,有时不妨让孩子去接待,特别是与孩子年龄相仿的客人或朋友,父母千万不要

包办代替。

5. 训练孩子的口语

有人说,口语是社会生活的入场券,这话是很有道理的。交际能力的核心是说话能力,因为交际的最直接形式是说,不会说,说不好,怎么交际?会说,说得巧,答得妙,其交际成功的可能性自然就大。父母可时常出些模棱两可的辩论题与孩子辩辩;也可故意提出一些不正确或片面的观点,让孩子据理反驳;对孩子平时话语中的差错,父母也可做必要的挑剔,帮助其认识。平时,也要鼓励孩子参加演讲赛,鼓励孩子上课或开会时积极发言。

在对待孩子的交际问题上,父母要努力克服种种不正确的认识,常见的错误认识有三种:

一是认为交际能力是天生的,无所谓培养不培养。其实,交际作为一种能力,是后天培养逐步形成的,培养的方法主要是实践。

二是认为能说会道不算本事。与心灵手巧一样,能说会道也是一种本事。有人对21世纪的人才定了这样几个标准:

(1)能言善辩;

(2)通文墨;

(3)眼观六路,耳听八方;

(4)会"小兴",即能即兴抒发感情。

这四个标准中竟有首尾两个标准涉及说,可见说在未来社会中的重要性。

三是认为交际要影响孩子的学习。失度的、与不良者交往确实会影响学习,但适度的、与志同道合者、与优秀于自己的人交往,不但不会影响学习,反而有助于促进学习,有助于智力激活。交际是一种思想、观点和感情的碰撞,在频繁的碰撞中,双方往往可以获得启示,获取灵感,共同提高。

获得友谊的方法

人活于世,生活在各种人际关系中,总是离不开各种交往。与他人交往,是人的一种心理需要,也是作为一种社会动物,所必须具备的能力。社会越先进,人际关系越会显示出其特有的价值。

交往对孩子的成长有着特殊意义。

作为父母,要让孩子知道,学会交往,首先必须明白人为什么要交往。心理学家指出:人们总是希望有人与他进行交流,从而摆脱孤独与寂寞;希望参与具体活动并加入某一群体,从而获得归属感。这样,快乐时有人与你分享,痛苦时有人为你分担,迷惘时有人给你指点,困难时有人给你援助,忧伤时有人来安慰你,气馁时有人来鼓励你。通过交往,人们能够寻求心灵的沟通,能够寻找感情的寄托。

那么,家长应该怎么引导孩子,才能让孩子与同伴交往中要怎么做才能得到认可,赢得信任与友谊呢?

关心

希望得到别人的关心和注意是人的一种正常需要。当一个孩子感到周

围的同学对他十分关心时,他心中更会有一种温暖、安全的感觉,就会充满自信和快乐。"投我以木瓜,报之以琼瑶"。孩子既然受了别人的关心,他也同样会关心别人,这样相互之间就容易有一种友好、亲密的关系了。真诚地关心同学要热情,当同伴有求于自己时,只要是正当的,就要尽己所有满足对方的要求;当看到别人有困难时,要主动去帮助、关心和体贴。当然,真诚地关心同学还要无私,尽可能避免给同伴出难题。

宽容

父母要让孩子明白,宽容是现代人应当具有的性格特征,它表现为一个人对别人宽厚、有气量,不计小隙,能宽容异见。生活中充满了矛盾,同伴之间难免有被人误解、被人嫉妒和被人背后议论之类疙疙瘩瘩的事情发生。我们必须宽容别人,礼让别人。

诚恳

父母要让孩子知道,希望得到别人赞扬是人的一种心理需要。赞扬别人也并非是件难事,因为每个人多少总有些值得赞扬之处。重要的是要诚心地赞扬别人。

主动

人际关系是在"互动"中发生联系和变化的。交往水平高,人际关系就越容易密切,反之亦然。因此,不妨让孩子在紧张的学习生活之余,主动地找同伴谈心,讨论某些问题,交换一些意见,互相传递信息,这都是可以加深对对方的了解和信任。

让孩子了解与同伴交往的方法,并不断学习,就能架起一座交往的桥梁,就能找到一条通往成功的坦途。

第七章

特殊问题的沟通方式

厌学问题

每逢学校开学的时候,这两天频频有家长发觉,自己的孩子一提到上学就感觉浑身难受,还出现肚子疼、出汗、失眠等症状,做检查却没有客观指标说明身体有问题。家长们担心:是不是孩子还没玩够故意装出来的?

初一学生浩明的妈妈就很着急地向心理咨询专家咨询说:"我真是让这孩子急坏了,疯了整整一个暑假,现在开学了,一说到要去上课,他就又喊头痛又叫失眠。刚才去各个科室检查了一下,没有任何病。这是怎么回事呀?"种种类似"生病状况"还有很多。有心理医生告诉记者,这就是非常典型的厌学症。就诊学生多是产生厌学情绪,心情郁闷、有睡眠障碍、回避与人打交道,甚至行为失调。

厌学,顾名思义就是不喜欢学习,孩子对学习不感兴趣,产生厌倦情绪和冷漠态度,并在行为中有所表现。具体来说,会表现为认为读书无用、消极对待学习、逃避学习活动等。

轻者,厌学的孩子对上学不感兴趣,但迫于家庭或外界压力又不得不走进学校。在校学习状态消极,学习效率低下,人也会变得烦躁不安,多思多虑,容易发怒,注意力不能集中,甚至看什么都不顺眼,对自己和别人都感到厌烦,每天如生活在水深火热之中。重者,当觉得自己无论如何再也学不进去的时候,当他觉得上学学习对他来说简直就是一种折磨的时候,他就可能会从心底产生对上学和学习的厌恶情绪,最终可能会选择退学、离家出走等极端行为。

儿童厌学症的病因大概有下列几种:没有正确的学习动机,缺乏学习的心理动力,这一点与在家庭中受到过分娇惯有关,对所学的知识内容缺乏兴趣;与老师和同学之间均未建立良好的关系,或自尊心受到伤害,对学

校有消极情绪；缺乏吃苦耐劳和坚韧不拔的意志，只爱听表扬的话，经不起批评和挫折，心理自卫能力差。

家长应该如何对待厌学的孩子呢？可以从以下几个方面入手：

1. 调动孩子的学习兴趣。注意使用不同的学习方法，如综合运用听、说、读、写，避免学习时间过长使孩子心理上产生厌烦情绪。有条件的家庭还可以配合录音、录像等电化教学手段，提高孩子的学习兴趣。

2. 培养孩子良好的学习习惯。家长对孩子良好习惯的形成要从小做起，对孩子的学习原则上可以指导，但决不包办代替，让孩子在学习的过程中确立责任感和独立性。

3. 帮助孩子确立正确的学习方法。合理利用时间和大脑，不搞疲劳战术，以质取胜。

4. 帮助孩子同老师建立良好关系。培养孩子与小朋友进行交往的能力，改进心理上对集体生活的适应能力。

对于低能儿童，应该进行富有针对性的功能训练，采取一些特殊的教育方法。在这方面，应该接受专家的指导。

"代沟"

"代沟"是两代人人际交往中的差异、矛盾和冲突。孩子抱怨父母守旧和不民主，对子女的事管得太多，与子女没有共同的语言；而父母则反映子女冷漠、粗暴、叛逆，不听话。这种代沟的发展有时超出了常规：家庭暴力，家长气病，子女离家出走。甚至，报纸报道了母亲因"望子成龙"而将亲生儿毒打致死的事件和独生子杀害了身为教授的父母的极端案例。

其实，"代沟"这种家庭成员之间的矛盾，是较有普遍性的。而要解决彼此间的"代沟"，关键要了解代沟产生的原因，另外父母还要用发展的眼光

去观察、认识发育成长中的孩子,掌握他们正在发生的一系列心理变化。在家庭教育中讲究科学与艺术,才能做一个适应时代潮流的现代父母。

代沟的产生,是由于两代人生活的时代背景、文化背景、价值取向不同,生活阅历和经验不同所致。这种差异的产生有社会发展、年龄、阅历等原因,也有心理上的原因,其中心理上的差异是两代人交往障碍的主要原因之一。这种差异反映在个性、认识、生活方式等方面。

具体来说,代沟的形成主要有以下因素:

(1)两代人生长环境的差异。一个人的基本行为模式和态度,自幼年开始逐渐形成,常会保留到青年期以至成人阶段。两代人的态度和价值观念也就不尽相同。

(2)人在个体发展过程上存在差异。年青一代的体力和智力发展非常迅速,他们喜好活动,不畏艰难,而成年人的一些态度和观念已基本定型,较少变化,致使两代人之间存在差异。

(3)两代人在社会上所扮演的角色不同,社会对他们的要求和期望也不同。上一代人必须负有责任,而下一代人则因年轻,富有朝气,承担的社会责任相对少一些。

(4)两代人适应环境变化的能力不同。社会观念、社会环境、工作性质、生活方式、人际关系等的变化,对上一代人冲击较大,他们还不能很快适应这个时代的发展。而正处在这个时代的青少年,能很快迎合这个时代,能够快速而准确的接受新鲜事物,进而纳入到自己的价值体系中,于是两代人之间便因此出现摩擦。

进入青春期的青少年因依附性减弱,独立性增强,从而使亲子两代人在对待事物的认识上产生一定的距离,由于态度的不同及意见分歧,因此出现了一条心理上的鸿沟。致使青少年朋友认为父母不了解他们,不关心他们,有事不愿与父母谈,宁可与同学谈,甚至以不满、顶撞、反抗、违法等方式试图摆脱成人或社会的监护,以自己的方式行事,坚持自己的想法。

作为父母,要了解"代沟"的表现类型,全面认识这一现象。

思想方面:上一代比较务实、保守,不主张惩罚;下一代主张自由、创新、开放的思想,希望把自己的意见表现出来。

生活方面：上一代重实际，似乎不注意生活的享受；下一代则多幻想，比较重视享受。

家庭责任方面：上一代对家庭愿做全部牺牲，主张大家庭制，认为孩子必须孝顺服从父母；下一代重视个人的享受和自由，喜欢小家庭制，认为孩子的意见应被考虑。

行为方面：上一代赞成维持传统的形式，处事谨慎、冷静，认为做事应有原则，稳扎稳打，不接受新的花样；下一代则喜欢冒险性的活动，敢作敢为，认为各人应按自己的意见行事，不必顾及别人的看法，不应有太多拘束。

交流交往方面：上一代态度保守，认为男女交往是件严肃的事；下一代则主张广泛交游，认为与人交往是不可缺少的经验，与异性交往没什么严重性。

用钱方面：上一代节省，重视金钱的实用价值；下一代则不懂得节省，希望怎么用就怎么用。

服装方面：上一代赞成实用、大方而朴素的服饰；下一代则喜欢能表现其活力的衣着，认为服装要跟得上时代，穿着能体现个性。

父母必须承认代沟的存在，而不要回避，及时进行沟通。两代之间进行沟通，可能是一方接纳了另一方的意见或态度，但这里所说的接纳，不是被动或勉强的接纳，而是在彻底了解对方的态度，并且发现这些态度更能适应当时的情境，因而愿意自动放弃本身的意见，心悦诚服地接受对方的意见。这要求父母：

一、理性融合孩子的意见

两代之间可以各自陈述自己的意见，说出之所以这么做的理由，双方可以寻求一种途径，将各人的意见融合成为一个新的意见，在这种情况下，融合而得的行为方式往往能兼顾双方原有意见的优点，而形成比原来任何一方的看法更完美的意见，双方都能高高兴兴的接受。

在相互沟通的时候，每一方都应多从对方的立场和观点去设想。尊重对方的想法，给对方一种理解和开明的态度，这样有助于双方在意见上达

到一致；即使不一致，也可以形成折中性的意见。

和孩子沟通，要注意支持孩子有益的、有趣的想法和做法，以促进其潜力的萌发。只要行为无害就不予干涉。

孩子的言行可能是有害的，但是无休止的怀疑不但无助于中止，反而会逼着他铤而走险或心理偏离。对孩子人格和理想的信任本身则既是教育，又能纠偏。

长幼是年龄概念，并无上下级之意。命令使孩子恐惧，但不会使他尊敬和喜欢。与孩子平等协商，你会发现孩子的智商、情商都不比当父母的差。

父母不是真理的化身，也不是正义的化身，稍不留神就会误在代沟的这一端。代沟如何跨越？好好学习教子之道，悉心跟上孩子成长的节拍。

二、不用父母式的教育

今天的青少年，生活在改革开放的年代。他们猎取信息的能力在提高，获得信息的方式已不是20世纪五六十年代的单向轴性传递，而是多向网络传递。家庭教育不再是主要的信息源，对即时信息的收集和处理，父母在速度和密度上常常会处于被动的地位。这时，孩子在童年时代曾经把父母视为"第一位英雄"的形象已有所改变。在这种情况下，如果父母还以传统的封建伦理道德观念主宰家庭生活，以父母式的态度对待孩子，势必使孩子产生逆反心理，人为地扩大"代沟"。

三、理解孩子的需求

今天的青少年，生活环境比起父母年轻时优越多了，家用电器的普及和外来文化的接触，使他们在视野开阔的同时，欲望也提高了。他们的需要不仅是物质上的，而更重要的是精神上的。他们迫切渴望理解与同情。做父母的要学会"心理互换"，站在孩子的心理位置，设身处地去考虑问题，满足他们的正当需要。即使孩子有时要求过高，也不要动辄呵斥，而要耐心指导，讲明道理，争取他们的谅解。有一位青春期的女孩儿，经常向父母提出

要买款式新潮的服装,而家庭的经济条件又不允许。对她的要求,父母没有简单的加以拒绝和责备,而是让她参与家庭经济生活的安排,一起制定每月的开支计划。当她知道父母肩挑家庭重任的甘苦后,不但自觉收回多做新衣的奢求,而且更加尊重勤俭持家的父母。于是,家庭生活更和谐了,孩子的心理也得到了健康发展。

四、尊重孩子的独立与创造

随着年龄的增长,孩子的成人感、独立感、自尊心日益加强,他们不喜欢别人(包括师长)对自己过多的干预和限制,对无休止的重复劝说和训话容易产生逆反心理,并表现为对抗行动。但青少年毕竟纯真、热情、向上、崇尚真理,只要父母能树立文明家风,进行民主教育,在提出要求时讲清道理;鼓励孩子发表自己的独立见解,参与家庭"议政",他们就能虚心听从父母的教诲,自觉认识每一良好行为的道德价值,从而形成正确观念,养成良好习惯。当孩子对父母的要求提出不同意见时,作为父母要耐心倾听,冷静分析,发现和接受其中合理的部分,并表扬孩子的创见。家庭教育中这种"双向疏导",有利于形成和发展孩子的独立性、积极性和社会责任感,提高父母在孩子心目中的威望。

五、跟上网络时代的步伐

网络时代如何与孩子交流、沟通,教育的针对性和可接受性是我们今天面临的一个重要课题。

有研究表明,目前青少年对于社会的基本认识,对游戏规则的把握,甚至人生观、价值观的形成,90%以上的影响来自传播媒介。因为家庭和学校教育常常是枯燥的、满载压力的,而传媒的"教育"却是充满趣味和快感的,获取的价值观也是多元化的,有不确定性,在许多方面是对传统的"颠覆"。

东京大学舆论研究所专家草野信雄认为,在网络崛起的条件下保持有效的文化传统,应设置一些社会仪式让青少年感觉到他们是社会的成员,在拥有权力的同时也负有责任;强化社会评价机制。网络是缺少评价的,在

现实中必须强化评价机制,当然这种评价是现代的、开放的,而不仅仅是传统的。

六、向孩子学习

进入知识信息时代,孩子的信息量比父母大出很多倍。孩子比父母学得快、记得快、阅读速度快。孩子们的英语、电脑、美术、音乐、体育都比大多数父母强,父母要明智的拜孩子为师。孩子可以教父母学英语、学电脑、学音乐、学美术、学体育。孩子是我们最好的教练,当父母虚心向孩子学习时,孩子会以极大的热情和耐心教你、引导你。此时,父母是最幸福的,孩子是最自豪的。父母与孩子就像多年深交的老朋友,无话不讲。更可喜的是当孩子是你的老师时,他的自我控制能力会增强,同时还可为父母提供有价值的、创造性的意见和建议。

孩子说谎话

孩子撒谎,通常会为了达到某个目的,或者有一定的原因。有时候是故意的,也有可能是为了自我保护的别无选择的选择。同时还必须认识到,孩子还处于成长期,只要方法得当,一定可以帮孩子除掉这个坏习惯。所以,家长大可不必为此大发雷霆,静静地想一想,怎样才能使孩子做个不撒谎而诚实的人。

理解孩子撒谎的原因

发现孩子说谎,家长的第一反应总是很失望、很气愤。不过,做家长的,是否站在孩子的立场想过:有时候孩子的撒谎也是情非得已的呢?

泽野刚上小学,他爸爸脾气暴躁,动不动就把儿子教训、"修理"一番。

久而久之,儿子就很怕他。泽野的妈妈一直觉得孩子有个怕的人也不是什么坏事,免得谁也管不了,没规矩地肆意妄为,所以,当老公教训儿子的时候,也很少过多地阻止。

有一天晚上,泽野妈妈偶尔发现儿子的抽屉里有一支很漂亮的钢笔,看起来并不便宜就问他:"钢笔是从哪儿来的?"儿子看看妈妈,又看看爸爸,低声说:"是别人送的。"

睡觉前,儿子悄悄地对妈妈说:"妈妈,我刚才说的是谎话。"啊!妈妈紧张地望着儿子,泽野却吞吞吐吐地说:"妈妈,别告诉我爸爸,他会打我的,我害怕!"妈妈再三保证这是他们两个人之间的秘密,儿子这才告诉妈妈,他是用自己的零花钱买的钢笔,怕爸爸说他乱花钱而打他,所以才谎称是别人送给他的。

看着儿子胆怯的样子,妈妈一时无语。儿子是被他爸爸打怕了,竟然为了避免挨打而说谎!

后来,泽野妈妈把儿子的话原原本本地告诉泽野爸爸,爸爸非常后悔,埋怨自己太粗枝大叶了,只想做一个严父,希望把儿子管教成才,却忽略了儿子的内心感受。从那以后,泽野爸爸再没有打过儿子,父子俩一起游戏、玩耍,其乐融融。没有了挨打的顾虑,儿子再也没有说过谎话。

其实,我们每个人不可能任何时候都是诚实的,也都曾经说过谎,儿童撒谎更是每个家长都会遇到的问题,大部分家长都会把撒谎看成是一件非常严重的事情,相应的惩罚也比较重。但是,有时孩子的说谎是因为迫不得已,必须弄明白再处理。

第七章 特殊问题的沟通方式

我们还应该注意另外的一种情况。很多时候孩子撒谎并不是故意的，特别是年纪幼小的孩子。由于孩子的智力和识别能力发育不完全，所以，不能清楚地分辨哪些是幻想，哪些是现实。这个时期的儿童，脑子里充满了幻想，同时，他们的记忆力也非常薄弱，常会把一件事同另一件事混淆在一起，也常会把脑中幻想的事情，当作曾经发生的事实讲出来。

如果父母不了解情况，误认为这么小的年龄就会撒谎的话，甚至劳神伤气，则大可不必。撒谎是每个人都会犯的错误，身为家长正确对待孩子偶尔的撒谎，给他们改过的机会，让他们从中学习，同时也要树立一个好榜样。

不要树立撒谎的榜样

父母是孩子的启蒙老师。由于孩子对父母的崇拜，会下意识地模仿父母的动作，吸收他们的思想，学习他们为人处世的态度，所以，孩子的思想和行为，会很大程度上受到家长影响。这样，就在潜移默化中不自觉地形成了孩子的人格、品质和个性。所以，要纠正孩子撒谎的习惯，父母就必须先从自身做起。然而，在我们的生活中，有很多的家长正是在不知不觉中教导孩子去撒谎。

吉牧的父亲是一位领导干部。一天，爸爸正在看DVD，外面传来了门铃声。爸爸让吉牧去开门，并教给他说："爸爸不在家。"吉牧这样做了。但是，他迷惘地问爸爸："你明明在家，为什么说不在呢？"爸爸笑笑说："这部片子非常精彩，我不愿意别人来打扰我！"一次，两次，吉牧认为爸爸撒谎是一种应付的技巧，认为撒谎也不是什么大的错误。所以，吉牧就从父亲那里学会了撒谎……

不要失信于孩子

在日常生活中，这种事情非常普遍。有些家长常常为了诱导孩子做一件事，就轻易许诺，而事后就忘记了。孩子的希望落空了，他发觉父母是在欺骗自己，在向自己撒谎。比如，妈妈嘱咐儿子，在奶奶家一定要听话，如果表现好，就带孩子出去玩。但等到星期天又有许多的家务要做，就把日期推

后,而且一推再推,最后也就不了了之了。

父母不守信用,孩子肯定感到失望,并因受骗而愤怒。孩子下一次再遇到这样的情况,恐怕就不会再被父母所欺骗,而父母的下次许诺也不可能起到良好的效果了。此外,孩子也从中得到一些经验:

(1)父母的言行不一致。

(2)父母在对自己撒谎,自己受骗了。

(3)父母是会失信的,以后不能完全相信他们的话。

(4)为了要达到目的,夸张一点儿说话、许诺也无妨。

(5)撒谎是允许的。

恐吓是一种变相的撒谎

一位母亲曾经这样说过,遇到孩子撒谎的时候,她首先警告孩子:如果撒谎,她将用剪刀剪去他的舌头。以后孩子好像乖多了。有些人认为这是一个不得已的办法。但是,一位教育专家则提出询问:"如果孩子真的撒谎了,你真会剪掉他的舌头吗?"这位母亲理直气壮地说:"怎么可能呢!你以为我疯了吗?"教育专家反问道:"那么,你是在向孩子撒谎啦?"做家长的用谎言来教导孩子不要撒谎,又怎么可能教育好孩子不撒谎呢?

学生早恋

早恋是指在生理或心理上还未完全成熟的青少年之间发生的恋爱现象。进入青春期后,出现异性爱慕倾向的青少年,会主动接近自己喜欢的异性,双方交往频繁,相互倾心,导致恋爱的发生。通常,求学时期的恋情就是早恋。早恋的特点为:

(1)由性冲动和外在吸引而产生,缺乏思想情感方面的考虑;

（2）彼此往往是由双方身上的某一方面的优点产生倾慕之情，缺乏对对方的全面评价；

（3）缺乏责任感和伦理道德观念的约束，极易发生性行为。

心理咨询专家认为，孩子在青春期对异性产生好感是十分正常的。在孩子心目中，对异性确实有一种渴望，甚至冲动，想了解异性，然而孩子对异性的好感却未必是早恋的表现，有很大一部分都只是一种美好的愿望。家长发现类似的情况，不要急于公开化，更不要随便地给孩子冠以"早恋"之名等。父母有必要意识到，社会上的孩子早恋具有不确定性和不稳定性，在通常情况下，孩子的早恋都是以模仿电视、电影或者以一些言情小说为参照依据，再加上自己的心里遐想而"恋爱"，可他们却没有将他们的思维方式全部都跟上，而且普遍缺乏一种责任感，他们不完全懂得恋爱的真谛，也不懂得怎样去控制自己的"情感"，以致会对自己的学业或原先的理想目标造成负面的影响。

要顺利度过这一"危机"阶段，并不困难。父母和子女都要学习掌握有关的知识，及早做好"危机"到来的心理准备。学会自我控制，掌握"理解"与"沟通"这两条心理救助的要领，努力创造和谐的家庭气氛。能否做到这些，取决于父亲、母亲、子女各方面的责任感和自我修养水平。实际上，这一阶段，正是对夫妻之间、父母与子女之间平素的亲密关系与沟通程度的考验。

如何正确和青春期的孩子沟通，处理好孩子的早恋问题呢？

一是父母要正确对待孩子的异性交往。有一位高一女孩儿，她因喜欢和男孩儿玩，被老师称为"坏女孩"，老师说她"勾引"男生。她不明白，为什么不能和男孩儿交往。她说："我性格比较外向，向来大大咧咧的。我觉得男孩子的心眼少，办事爽快果断，他们的许多优点令我钦佩，跟他们在一块儿，感到很愉快。我们的交往仅限于在学习上互相探讨，课外一块儿打球，有时大家去看看电影什么的。我们从没有往恋爱上想过，我不知道老师为什么要玷污我们之间纯洁的友谊？学校里相处的不是男生就是女生，跟谁玩不是一样的吗？我到底犯了什么错？"还有一位初三的女生，在两次上学的路上，被一个男孩子拦住强行搜包抢钱，她怕将此事告诉母亲，引起她的担心。她告诉班里的同学，经过大家商量，决定让一个身材高大的男生每天

和她一块儿上学。谁知某一天被其母亲发现了,母亲不动声色,暗暗观察了几天,认为女儿瞒着她在谈恋爱,不但把她痛骂一通,还找到班主任老师,要了解那个男孩子的情况,最后闹得满城风雨。女孩儿一气之下离家出走,住到姥姥家,很久都不愿与母亲和解。以上两例中,男女孩子间的交往和接触,都是十分正常的。然而,由于长期以来"男女授受不亲"的传统观念,使家长对青春期孩子的异性交往过分敏感和警惕,由此使两代人之间发生冲突,甚至发生悲剧。须知,同异性的接触和交往,不但是青春期孩子的愿望,也是他们社会化过程中必修的一课。通过彼此的交往,他们可以了解异性,学习对方的优点。例如,男孩子可以学习女孩子的细腻、温柔、爱整洁,女孩子可以学习男孩子的勇敢、坚毅、果断等优点。

二是对孩子的异性交往,不可动不动就扣上早恋的帽子。恋爱是为婚姻做准备的,带有很明确的结合目的。而少男少女之间大多是玩伴的关系,最多双方有好感或是相互喜欢而已。如果男女生之间接触过于频繁,家长和老师可以提醒他们,不要因为这种接触影响学习。如果孩子只单独和某个异性接触,也可以提醒他们不要错过和众多异性接触的机会,因为群体的交往不但有很多乐趣,还可以学习多个异性身上的优点。如果一味指责孩子,阻止孩子同异性交往,很可能使他们产生逆反心理,本来不是那么回事,也故意做出那样的事来,结果事态的发展与父母的初衷刚好相反,这样的教训并不罕见。

三是尊重、关爱孩子,做孩子的朋友。东方传统的儒家思想观念,特别

是家长制根深蒂固地存在于家长的大脑中，许多家庭里缺乏民主气氛，家长有权对孩子指手画脚。然而，如今的孩子尽管思想不成熟，却有很强的独立意识，他们的意见没有得到应有的尊重，就很容易和父母产生对立情绪，产生所谓"代沟"，孩子们心里的话也不愿意同父母说。所以，父母觉得孩子进入青春期以后，同自己的距离突然一下子拉大了，很难同他们交流和沟通。然而，孩子的这一时期，又是让人操心的时期。由于同孩子交流的渠道不畅，有的家长就要靠偷看孩子的日记、信件或偷听孩子的电话来窥探孩子的内心及行为动态，从而使孩子更增反感，进一步加深孩子和家长的矛盾。了解孩子以尊重孩子为前提，没有得到尊重的孩子，很难学会尊重别人。在交友问题上，耐心倾听他们的想法，然后帮助他们分析，建议怎样处理更好，以平等的态度和他们讨论问题。尊重会使子女和父母感情上比较融洽，良好的家庭气氛也有利于子女向父母敞开心扉，这对于家长及时发现问题是非常必要的。然而，现实是父母不能得到孩子的充分信任，有的孩子同异性同学交往过密，甚至有了非正常的关系，父母却是最后知道消息的。由此看来，家长同孩子的关系非常关键。我在网上看到这么一位家长的教育方法：他有个读高一的男孩儿，一次回家向父母宣布，他有了女朋友。他的父母说："好哇！你的朋友就是我们的朋友，我们非常愿意结识她，欢迎她来咱家做客。"男孩子果然带女朋友来家了。父母对男孩儿说："我们非常希望你结交更多的男女朋友，这能培养你的交往能力，也说明你的人缘不错。"为了给他创造交往机会，他们鼓励儿子和同伴一起参加一些有益的活动。孩子生日的时候，让孩子邀请一伙朋友来家，大家高高兴兴度过了一个愉快的周末。在休息日，他们尽量抽时间和儿子一块儿玩，那位男孩儿在浓浓的亲情和友谊之中，逐渐淡化了对那位女孩子的感情。然后，父母又以自己的经历和切身体会，向男孩儿说明在同女孩儿的交往中，怎样保持适度，怎样尊重对方，怎样才是负责任的行为。由于得到父母的指教，这位男孩儿的成长非常顺利。

总之，两性交往几乎贯穿于人的一生。从青春期两性的友谊开始，到成人期的恋爱择偶，到成熟期结为夫妻，到白头偕老走向人生的终点，异性交往是人生重要的生活内容。对少男少女的交往，要理解而不封杀，支持而不

放纵。父母应做孩子的顾问、盟友，而不要做经理人。顾问只细心聆听，协助选择，而不插手干预。心理学家伊莉莎白·艾利斯说："父母只需要协助子女仔细检讨整个事件。青少年往往能自行想到叫人拍案叫绝的解决方法。"

性教育问题

5岁的儿子最近突然喜欢蹲着小便了，一问才知道儿子有一次偶然发现妈妈上卫生间的时候总是蹲着的，儿子就照做了。妈妈知道了，告诉儿子："你是男孩子，怎么可以和妈妈一样呢？你看到过爸爸蹲着小便吗？你和爸爸、外公是男人，你们是一样的，以后自己要注意哦！"后来每当他有时候又要蹲着小便的时候，妈妈就会把手指放在脸上做刮羞状，还念儿歌："羞羞羞，女孩儿男孩儿分不清，奥特曼快快来（因为他最喜欢奥特曼），和我一起来刮羞！"这样一次两次后，儿子就再也不蹲着小便了。

对于年幼的孩子来讲，他们总是会在一起玩的。这个时候父母可以直接告诉孩子男女是有别的，女孩儿和男孩儿的生殖器是不一样的，所以女孩儿要蹲着小便，而男孩儿要站着小便，满足了孩子的好奇心，他们也就无所谓了。如果家长一味地避而不谈反倒会让孩子的好奇心更重，处于叛逆期的孩子很容易产生更强烈的好奇之心，对他们的成长尤其不利。

还有其他的状况，诸如，孩子如果对性发出提问，比如，"我是从哪里来的？"等问题，也会让年轻的父母感到措手不及而且难以启齿。而随着孩子年龄的增长，孩子对性的疑问开始越来越多了。再比如，12岁的孩子在爸爸接他回家的路上发现了出售安全套的机器，问爸爸："这是什么呀？""安全套是干什么用的？"

无需遮掩，有必要对孩子进行性方面的教育。当然，并不是一次两次谈话就能把性教育做好的，而是需要父母在日常生活中不显山不露水的点

化、引导。

以怎样的方式和孩子谈性

怎么和孩子谈性,这个问题对于家长来说,从来都比较头疼。首先,父母不要羞于与孩子谈性的话题。好奇心所有人都有,比如一个盒子,我们都想知道这个盒子里有什么东西,尤其是孩子。那么,我们直接将盒子打开,让他看到盒子里的东西是什么,明白地告诉他,盒子里的东西是非常美好的。不要回避,回避不是好办法,越回避他越好奇。性知识的教育,开始得越早越好。哈佛女孩儿刘亦婷,在她大概三岁左右,父母就对她讲,你出生之前,是住在妈妈的肚子里,妈妈的肚子里有一个儿童宫殿,这个儿童宫殿里有一个通道,这个通道通向出口,出口在哪里呢,就是在挨着女孩子尿尿的地方,让她知道了子宫的位置,了解了女孩儿的身体结构,也就有了对身体构造的基本认识了。在这种情况下,通过动物和植物的繁殖方式,让她知道生命是如何延续的,继而也会懂得了性知识。

对此,专家指出孩子越早知道性知识越好,千万不要因为害怕处于青春期的孩子会失控而拒绝让他们了解这些知识。我们不能用成人的观念去想孩子,不要以为孩子还没有这方面的意识,以为他们很单纯。比方"安全套",他就想知道安全套是干什么的,以至于一些细节,孩子们不了解,会很奇怪自己到底是从什么地方来的。我们用自然界一些东西去描述,他会很坦然的接受,觉得这些知识和别的知识没有什么不同,尤其在讲一些器官

的时候,他会认为他的生殖器官就像他的小手小脚一样,是他人体的一部分,他要了解它。如果家长跟孩子遮遮掩掩的,他反而会觉得性非常神秘,越神秘他就越想知道,又不能通过正常的渠道了解,就会通过一些不正常的渠道,如男孩子可能会偷看女孩子大小便,这是很不好的事情。

随着社会的进步,很多色情信息开始冲击网络。家长忽略了对孩子的性教育很容易使孩子误入歧途,对他将来的成长非常不利。如果我们在孩子没有性意识的时候,就对他们进行正确的生殖方面的教育,孩子接受起来会更坦然。主要是要给孩子树立一个健康的性观念,让孩子觉得生殖是美好的,生命是伟大的,爱情是神圣的,当他们懂得了性知识以后,才会觉得性是美好的,不是一些龌龊的,或者是见不得人的事情,孩子们会更加热爱生活、热爱生命、尊重生命。

妈妈要告诉女儿,对于女孩子,泳装遮盖的部位是别人不能碰的,这是你隐秘的器官,妈妈可以,除了妈妈以外,别人是不能碰这个器官的,如果有人碰,你一定要告诉妈妈,如果觉得不舒服就要大声喊,尤其对一些小孩子说,你要求助。在这个过程中,包括对男孩子,也要告诉他们远离性侵犯的问题。

性教育的几个基本原则

1. 要早开口,现在的小孩儿发育快,心智也更早熟,因此不要指望等到时机成熟,才和子女来一次促膝长谈,解决所有的大问题。应该及早把握机会,从孩子开始问:"我是从哪里来的"就开始和孩子谈性。

2. 要随时进行教育,父母可以利用生活中的事情来谈性,不一定要刻意安排。例如,子女幼年时,父母可以利用共浴的时间,自然地和子女谈起性器官发育以及如何清洁卫生的问题;也可以趁观察动、植物的机会,解释生物如何由传递花粉及交配来繁衍生命,告诉他们,这是生物的本能,是很自然的事情。此外,家长还可在新闻报道有关两性相处、青少年怀孕或强暴事件时,听听孩子的看法,甚至和孩子一起观看讨论两性关系的节目。

3. 对于自己不明白的地方,不要硬充专家。碰到自己答不出来的问题,不要说"这种问题,不要来问我"或"等你长大,自己会明白"。可以告诉

孩子,和你讨论这类问题,其实我也很尴尬,但是我希望你在这方面有任何疑惑,都可以和我们讨论。应该让孩子知道,你不是无所不能,碰到不懂的问题,可以一起查资料,一起讨论。

常用的性教育方法

1. 家长示范性别认同法:由父(母)对同性别孩子进行言语、穿着、生活习惯、行为举止等方面的示范教育。

2. 伙伴模仿法:让小孩与同龄的同性和异性广泛接触,家长、教师可通过观察孩子对其他(她)伙伴的态度与交友言行、穿着模仿,指导其性别角色的社会化过程。

3. 故事暗示法:家长、教师都可通过讲故事的方式,将故事中主人翁的性别角色行为模式向孩子进行暗示。

4. 生物模型讲解法:教师和家长可利用植物、动物或模型,深入浅出形象地讲解生物性的行为和生理过程。

5. 案例剖析法:家长可充分利用报刊杂志上介绍的有关性罪错的案例和周围发生的事例,对学生和子女进行有关性道德、性罪错防治的教育。

6. 阅读通俗性教育书刊:可利用通俗的性科学书刊和图片、录像对不同年龄阶段的孩子进行普及教育。

第八章

缓解和避免与孩子的冲突

怎样处理孩子的"非暴力不合作"

一、孩子哭

原因：几乎所有的孩子都哭过，尤其是在他们还小、还不太会说话时，他们常常哭。

因为在他们想要的东西不能满足时，哭是仅有的几种表达受挫和生气的方法之一。不论他们哭得多么烦人，父母应该理解，一方面孩子是希望得到你的应答（这是哭的很重要的原因，甚至小学生有时也为得到父母的应答而哭），另一方面他还有一些"重要"的需求没有满足。哭像吸吮大拇指一样，也是一种自我抚慰的活动。孩子弄出一些声音会感到舒服一些，因为声音能使他们释放自己的情绪。

应对措施：当孩子开始哭时，让他用不同的方式说出他想说的话，第一次小声说，第二次慢慢说，然后快点说，用这个游戏分散他的注意力。过一会儿，他可能就对引起他哭的那件事不那么在意了。

对于学前儿童，你可以设定一些规矩。只要你的孩子开始哭，立刻打断他，冷静地说："你又哭了！我不喜欢听到你哭，请你好好说，是怎么回事。"如果他还是继续哭，你可重复你的要求。如果他改变了腔调，可以称赞他说："我喜欢你好好告诉我你想要什么，不要边哭边说。"这时你的语气中不要带情绪，不论你多想向他喊："不许哭！烦死了！"你都不能这样做。记住，控制你自己的情绪能帮助你向孩子传达你想让他怎样做，然后让他知道你理解他为什么不高兴，并与他协商一个解决的办法。例如，如果因为你对他说，他只有吃完了饭才能吃饼干，他就哭起来，你可以把饼干放在他能看见的地方，并答应他吃完饭就能吃饼干。

预防措施：当孩子清晰地、响亮地表达自己的想法和要求时，认真听，表扬他，而不是漫不经心的敷衍。这样他就慢慢知道，用语言而不是哭来表达他的要求更有效。

二、孩子顶嘴

原因：从 2 岁开始，你的孩子开始检验权威，他的方法之一就是和大人顶嘴。声明"不！""我不干！"是儿童宣布他们想发号施令，想要更多的独立。

应对措施：这是很需要技巧的时刻，因为你不想压制孩子迈向自治的第一步，你也不想支持粗野无理。你可以用严肃的声调说：我不喜欢你这样跟我说话，你可以不同意我说的，但你必须用礼貌的说法，例如"我不同意……""我不可以……"让他知道，下次如果他还这样粗野地同你说话，他将失去一些待遇。这要前后一致，不能今天制止他粗野地说话，明天又置若罔闻。

预防措施：当你的孩子有礼貌地对你的看法提出异议时，要注意看他，对他的意见给予应答，你这样做就是在告诉他，你重视他的意见，他的意见与你不同是可以用正常的语调方式表达的。

注意：要认识到你自己的交流风格。如果你表达与别人不同的意见时，习惯于用冷嘲热讽、贬低挖苦的语言，你的孩子也会这样。

三、孩子闹

原因：孩子大闹往往使父母束手无策，也使自己备受挫折。这不仅是因

为孩子往往在公共场合闹,而且因为这时候父母对孩子和情境都失去了控制。随着孩子长大,到了学龄期,他们就能学会更好的方法处理自己的挫折。

应对措施:减少孩子闹的窍门是将它处理在萌芽状态。如果你的反应是恐吓和气愤,这将教给孩子:闹是一个有效的方法,他可以得到想要的东西。你可以说:"如果你不闹,我们就可以谈谈,看我们能做什么。"并走到另一个房间。如果你的孩子太小,你可以和他待在一起,如果他要你抱,可以抱着他,但不要把他想要的东西给他,直到他冷静下来。你可以看看或干点别的什么,让他知道,只有他冷静下来,你才注意他。大多数情况下,如果大人对孩子闹不感兴趣,他们很快就会冷静下来了。

当你在公共场所时,别管别人如何看你,都要把孩子带到角落。可以对他说:"我坐在这儿等着,直到你不闹了。"如果3~4分钟后他还闹,你就得停止购物或逛公园,直接带孩子回家。

预防措施:大闹有时预先没有征兆,孩子会因为各种各样的原因突然大闹起来:得不到他们想要的东西,做不好一件事,或仅仅是累了。尽管如此,你还是能避免一些易引发孩子闹的场合。如果你的孩子只有5岁,而他在玩10岁的姐姐的拼图,就可能会因为拼不好而发火。你可以帮他拼,或把他的注意力转移到适合他年龄的玩具上。

不要对孩子期望过高,例如,幼儿不能较长时间自己玩,就应避免带孩子在商店人多的时候购物,排队时孩子很快就会不耐烦。如果你必须带着他,要准备好他喜欢的玩具或吃的东西给他解闷。

四、孩子磨蹭

原因:你提醒孩子该刷牙、上床、听故事、睡觉。20分钟以后,你发现孩子还在洗脸池里泡他的玩具汽车……

多么熟悉的一幕,它每天都在我们家里发生着。孩子对时间的感觉和成人是很不同的,当他们全神贯注地干什么时,他们相信表停止了,直到他们做完那件事,表才会继续走。当孩子学会看表后,他们也不会停止磨蹭,大孩子仍需父母提醒:快点儿,你晚了。

应对措施：一个策略是，你给孩子洗完澡，不是直接提醒他现在是睡觉时间，而是跟他谈论白天发生的事情，他会全神贯注地谈话，注意不到已经出了澡盆，穿上了睡衣。

另一个策略是，你可以让孩子知道下一步该做什么，因为对学前儿童来说，时间概念经常和活动联系在一起，例如吃饭时间、吃点心时间、洗澡时间等等。可以说："钻进被窝，我们就可以读故事书了。"你也可以和孩子做游戏，例如，说："我数到5，看你能不能拣起所有的玩具。"或说："我真的要迟到了，您得帮我的忙。"让孩子帮忙把公文包放到门口，或拿好伞，或把午饭从冰箱里拿出来。

如果这些策略都不奏效，孩子依然磨磨蹭蹭，就采取更强硬一点的措施：拉着他的手，给他穿上外衣，送他去幼儿园，早饭带到路上吃。最终，孩子会形成这样一个概念：不论他怎么坚持，有些事情，像准时上学，是没有商量的余地的。

预防措施：拿开分心物。如果电视关上了，猫赶到别的房间了，玩具都收拾起来了，孩子就会更加集中注意力于他眼前的事情。明确告诉他你希望他做什么，确保他有完成任务所需的用具。如果你想让他刷牙，准备好牙刷、牙膏和漱口杯。

预防早晨磨蹭的另一个办法是晚上准备好孩子的衣服和书包。这样不仅你可以避免15分钟（孩子挑他想穿的衣服），你还可以减少早上的繁忙，也有助于建立生活秩序：晚上洗澡，刷牙，讲故事，睡觉；早上梳头，穿衣服，叠被子，吃早饭。

避免易产生冲突的字眼

有一些字眼虽然很简单，但如果在某些时候说出来，却足以挑起父母和孩子之间的冲突。如果父母能够了解在与孩子的沟通中，哪些话可能会

引起冲突，就可以用其他更能够鼓励合作和了解的措辞来替代那些字眼，使父母与孩子的沟通更加顺畅。大部分可能会引起冲突的字眼，一般会出现在句首或接近句首的地方。以下是两个看似无关痛痒，却最容易引起孩子内心冲突的语词："如果"和"为什么"。

"如果你……"

"如果"——通常会紧接着"你"，若被父母当成威胁来对孩子使用，就会挑起父母与孩子之间的冲突，例如：

——"如果你不把玩具收拾好，我就会把它们通通扔掉。"

——"如果你不好好爱惜你的衣服，我就再不给你买新衣服了。"

许多孩子会把威胁当成一个挑战，而且他们会重复引起父母发出威胁的行为，来测试父母的决心。而且，父母发出的那些威胁通常都不可能真正付诸实践。而如果父母没有执行他们的威胁，孩子就不会再认真看待父母说的话。另外，不合理或太夸大其词的威胁，尽管会给孩子一个强烈的信号，让他们明白父母不支持他们的某些行为，但是并不能让孩子了解他的行为可能导致的真实后果，因此也达不到父母所期望的教育效果。

替代选择：

父母应该避免使用"如果"，而改用"一……就……"或"只要……"这些句子在孩子听来，会感觉比较正面，而不会感觉包含着很多处罚的意味在里面。用"一……就……"或"只要……"的句型，能鼓励孩子保持理性，并让孩子清晰明了可以执行的结果，从而使孩子更乐于遵从：

——"你把玩具一收拾好，我们就可以吃点心了。"

——"只要你把外套挂好，我们就可以开始玩游戏了。"

"为什么你不能……"

"为什么"也很容易挑起父母与孩子之间的冲突，尤其是在"为什么"后面紧接着"你不能"的时候，例如：

——"为什么你总是不能把你的东西捡起来？"

——"为什么你总是不能把你的手放好？"

——"为什么你总是不听话？"

这些问题没有答案。事实上，父母并不是要问"为什么"，父母期望得到的只是一个合理的答案，然而在孩子看来，父母实际上是在责备或批评他。当孩子觉得自己被父母指责时，是不可能合作的。另一个"为什么"这个词常见的使用情形，是在"你为什么……"当中，例如："你为什么打你妹妹？"而其实大部分的孩子往往并不知道，他们为什么会做他们正在做的事情。很多时候，他们只是出于本能的反射动作而已。

这种说话的方式更糟糕的地方在于，这些对孩子整体个性的描述，是他无法改变的部分，对孩子来说，意味着对他整个个性的全部否定；而如果父母在要求孩子时，只使用对孩子客观行为的描述，则是他可以有所控制的部分，他也更愿意接受并做出改变。指责总是会让人心理上产生抵制和防备（孩子和大人都一样），而一个心理上有抵制和防备的人，当然就会缺少改善他的行为来取悦别人的动机。

替代选择：

父母可以把那个没有用的"为什么"拿掉，把问题变成一个清楚、明确、坚定，只涉及孩子正在进行的行为本身，而没有指责的陈述，例如，父母可以这样说：

——"你必须把那些玩具捡起来。"

——"不可以打人。"

——"我知道你自己可以把外套挂起来，而不需要我提醒你。"

忽略孩子不适当的行为

关于这一点，有则故事可以用来说明。

有个小女孩儿每天在学校都会用头去敲墙壁。班上每个人,包括老师在内,看到这种情况当然很紧张,都跑去阻止她,用各种方法安抚她,但效果都不大。后来学校请了心理医生来处理这个案子。在小女孩儿不知情的情况下,心理医生建议老师和班上其他同学,在小女孩儿再出现用头敲墙壁的行为时不要理会。第二天,小女孩儿到了学校,又像往常一样用头敲墙壁,但班上的人都不理会她;又隔一天,还是没有人理会她。之后,小女孩儿用头敲墙壁的次数越来越少。最后,女孩儿这个不适当的行为就完全消失了。

没错,这个小女孩子的案例很特别,但它传递了一个重要信息:有时候孩子的不当行为之所以会频频出现,是因为能得到父母的注意。正向(如赞美)或负向(如批评)的注意都是注意,但对某些不适当行为,"不注意它"有时是最有效的治疗方法。如果你认为孩子某个不适当行为是为了赢得你的注意,试着不要去理会他。"忽略"技巧有时候对孩子很有效,尤其父母如果使用得当的话。

以下是使用"忽略"技巧时要谨记的原则:

◎"忽略"技巧最重要的是要有耐心,而且谨记,你不是忽略那个孩子,而是忽略他的不适当行为。

◎所谓"忽略"就是要完全不去注意孩子。不对孩子做任何反应——不要大叫、不要注视、不要跟他说话。父母尽管清楚地意识到孩子的举动,但在那段时间要去做别的事情。

◎在孩子做不适当行为的那段时间里,要完全忽略他。这段时间可能是5分钟,也可能长达25分钟,所以父母要有心理准备。

◎要让家里其他大人或成员与你配合,大家都不要理会那个孩子。

◎最后一点,在孩子停止不适当的行为时,父母要称赞他。例如,你可以说:"我很高兴你停止乱发脾气。我不喜欢乱发脾气的人,因为发脾气时的大叫声很刺耳。你不大叫的时候,我跟你相处起来就愉快得多。"

◎暂时离开现场,控制情绪。

一位年轻妈妈,她带着一个5岁小女孩儿,小女孩儿循规蹈矩地坐在她旁边。我问这位母亲,她有什么秘诀,能让她的孩子这样守规矩。她对我说,每当她女儿乱发脾气时,她就走开,到稍远的地方;如果有状况,那么再

随时回来保护她。因为这个母亲暂时离开现场,既可以避开孩子无理的要求,自己又能保持平静的心情。

有时候他们真的会令父母忍不住抓狂,年纪大一点的孩子,当他们不想遵守规矩时,例如"不准在客厅打球"、"不准在没有大人监督下开派对",他们真的会做出超乎你想象的破坏行为。如果你发现自己快要失控,不要犹豫,赶快找一个给自己喘息的机会,给自己和孩子一个冷静的机会。到稍远的地方抽烟是一个方法,但我们可不建议采用这个方法。

让孩子分心做其他事

避免与孩子发生冲突还有一个办法是使用"分心法"。孩子容易分心,特别是年幼的孩子。他们注意力维持的时间很短,很容易受到外界环境刺激的影响。如果你看到孩子快要出现不适当的行为时,那么可以试着转移他的注意力。如果孩子年纪很小,你可以这样说:"看那边!你看到什么没有?是一面镜子!你能不能对着镜子做一个鬼脸?"或者你可以引导孩子做适当的行为,例如:"过来坐在我的大腿上,我来念故事书给你听。"

"分心法"也可以用在年纪较大的孩子身上。例如,如果兄弟姐妹在争吵,你可以建议他们一起去打电动玩具或看电视。另外,父母还可以让孩子停止他们正在做的事情,加入大人的活动。例如,你可以对孩子说:"来,到厨房(或车库、后院)帮我的忙。你可以做我的助手。"如果你态度友善、热情、幽默,孩子很可能停下手边的事情,包括那些不适当的行为,照着你的吩咐做。

如果孩子正在做某个不适当的行为,那么父母应当指导孩子做另一个适当的行为。而且,父母应详细指导孩子做这些适当行为的时间、地点、方式等。

只让孩子知道他们的行为不可取并不够,父母还应该尽可能给他们一

个可替代不适当行为的适当行为：

◎如果孩子正在用蜡笔画沙发，那么父母可以送给孩子一本绘图本。

◎如果孩子用母亲的化妆品把自己的脸画花了，那么父母可以给孩子买一组孩子用的、易卸妆的化妆用品。

◎如果孩子朝大街上扔石头，那么父母可以给孩子一个棒球，让他练习投棒球。

如果孩子正在玩某样易碎或不适当的东西，那么父母可以试着寻找另一个可以替代的游戏或玩具让他玩。孩子为了发挥其创造力及发泄精力会不断寻找发泄的管道，父母应予以引导和帮助。

为了防患于未然，父母学习如何迅速找到适当而便宜的可以替代孩子不适当行为的用品和方法，从而取代孩子不适当的行为，是父母成功引导孩子的不二法门。

善用幽默调和僵局

在历经坎坷的成长过程中，我们逐渐变得严肃了——而且，也许是太过严肃。举个例子来说，孩子一天平均会笑四百多次，但一个成年人一天平均却只笑15次。成年人大可多用幽默感，尤其是在和孩子互动的时候。不管是对应身体或心理上的压力，应用幽默感都是释放压力、应对困境的好方法。

我记得有一次,我在一家专门收容无家可归的人群以及受家庭暴力所扰的妇女的收容所工作。一名妇人正在谈她如何从对她施暴的丈夫手中逃脱的经过,这时,那名妇人的小女孩儿打断她,吵闹着要母亲带她去游泳。母亲马上就响应孩子,并不像一般人那样责骂:"不要吵闹!"而是以夸张的态度模仿女儿吵闹的表情和口吻说:"妈,我要去游泳。妈,快点。妈,现在就带我去游泳!"不到几秒钟,小女孩儿从母亲幽默的表演里看到了自己滑稽的行为,母女俩笑成一团。之后,我注意到,那个小女孩儿不再以吵闹的态度跟母亲说话。

用轻松的态度夸大孩子某种不适当的行为,能在紧张的情境中注入幽默感。

下面是一些让父母善用幽默感的好点子。

父母可以试着用想象和虚构的故事,或用技巧让没有生命的东西"鲜活"起来。为了让你表达得更好,书本、杯子、鞋子、袜子都是你可以利用的道具。

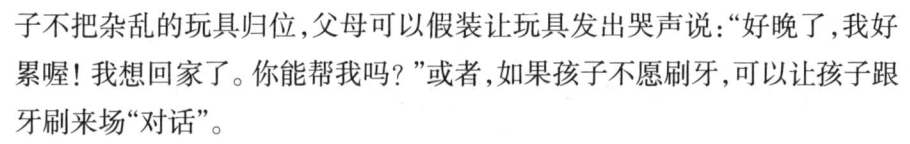

例如,如果孩子不把杂乱的玩具归位,父母可以假装让玩具发出哭声说:"好晚了,我好累喔!我想回家了。你能帮我吗?"或者,如果孩子不愿刷牙,可以让孩子跟牙刷来场"对话"。

但是,如果发现某个点子已经不能得到你所希望得到的结果,试着换另一种方式。例如,你可以让孩子比赛看谁刷牙刷得最久。另一个方法是父母可以把事情说得很可笑。例如,为了促使孩子自愿打扫房间,你可以说:"这房间真难闻,我猜恐龙的骨头埋在这里!"又或者你可以这样说:"如果你不马上清扫房间,政府的清洁大队马上就要来你这儿设立总部了!"

你也可以留一张谐趣的字条给孩子,例如,对青少年的孩子,你可以这

第八章 缓解和避免与孩子的冲突

么写:"记得在晚上10点前回家,特勤搜索组留。"语句写得尽量可笑夸张一点。

幽默的方式可以多种多样,比如做个鬼脸,或用怪腔怪调说话,大声唱歌,或故意唱走音。你也可以根据实际的需要修改流行歌曲的歌词。例如,你可以把《小星星》的歌词改成这样:

上学,上学,别迟到,今天是个大日子,老师正在等着你,赶快刷牙梳头发……

当情况紧急时,你可以做一些与平常完全不同的决定。例如把早餐的食物拿来当晚餐,让孩子穿着制服睡觉,或晚一点上床。为了避免冲突,你无需害怕偶尔打破一些小规矩。孩子最后还是会明白谁才是老大。

当然,有时候父母使用不当幽默,可能会把事情弄得更糟。所以,使用幽默感的时候,父母要对孩子的反应保持敏感,避免用粗暴或讽刺的语言。如果孩子对某样事情敏感,例如牙套、青春痘或招风耳,就千万不要在这些事情上做文章。

在对孩子的教养上应用幽默感,其技巧包括夸大和虚构,目的是要显得可笑、滑稽、出其不意,而且幽默不花钱,垂手可得。更重要的是,它使我们不必时时保持完美。幽默让我们关系更加协调,从压抑中暂时脱离,并且重燃我们的童心。

不同的年龄设定适当的限制

从5个月大开始,如果一切发展顺利,那么孩子会开始奋力寻求独立。他们的目标是要变成一个完整和独立的个体,能够自己行事及思考。通过为孩子设定符合年龄的适当要求,表明你正视了孩子寻求独立的需求。由于你根据孩子的年龄、能力、特殊需求和负责的程度设定规范,那么便可有

效帮助孩子安全地达到他们的目标。

有些父母犯了对不同年龄孩子一视同仁的错误，完全不理会孩子各个年龄的特殊需要。我曾经辅导过一位 16 岁的女孩，她希望父母能给她一个简单的锁头，让她把卧室上锁——对青少年来说，这是很常见的要求。但女孩的父亲说："不行。"因为他觉得如果他给女儿一个锁头，其他孩子(有的 5 岁，有的 5 岁以上)都会提出同样的要求，而他不希望生活在"监狱"里。

很可惜，案例里的父亲不明白，5 岁大的孩子没有足够的责任感管理自己的房间，但一个 16 岁大的青少年则有这个能力，而一个便宜的锁头，就能满足她希望得到隐私的需求，这是一个合理的需要。

因此，在坚守原则的基础上建立你的家庭，但要确保你的规矩具有弹性。这并不表示你要鼓励孩子打破家规，不过你必须准备随着孩子的成长和需求，时时制订新的规则和限制。

一般来说，新的规则能够提供孩子更多一点的责任和自由——所谓的自由不只是能去更多地方、做更多事情，也包括能独立做更多决定。在设定限制时，谨慎地探索，你就会摸索到孩子需要独立的界限在哪里。用这种方法，只要你不侵犯到孩子需要独立的空间，他就不必使用反叛的方式争取他的自由。

为了更了解孩子在每个年龄阶段的需求，通常，各年龄层的孩子的一般行为模式是：

第八章　缓解和避免与孩子的冲突

2 岁以下的儿童

婴幼儿借由感官——味觉、触觉、嗅觉、视觉、听觉来探索世界。例如，一个 12 个月大的婴孩可能把杯子推到地上，用这样的方法来了解物质恒存的道理（物体即使脱离视线范围，仍然存在）。婴幼儿通常发出一些咿咿呀呀的声音和哭声来表达他们的情绪。因此，除非为了制止婴幼儿所制造的太大的噪音和混乱，否则这个时期不适合设定太多的规范；婴幼儿对规范的学习非常缓慢（最好一次一项），大概 15 个月大之后才开始具备基本的学习能力。重要的是，婴幼儿需要以一种一致性和可预期的方式来照顾他们，因为他们需要感受到安全和爱。

2~5 岁的儿童

学龄前的儿童是喜好冒险的一个群体。他们精力无限、充满好奇、敢于尝试各种新活动。为了鼓励孩子独立自主，父母应该给学龄前的儿童足够的探索空间；但也要设定限制，以保护他们的安全。学龄前的儿童常分不清幻想和真实——噩梦和白日梦一样实在，想象出来的朋友也一样真实。游戏是他们生活的重心。他们喜欢玩角色扮演的游戏，像"医生和病人"、"母亲和孩子"，借由这种方式，孩子表达出他们的愿望及害怕。透过游戏，他们也建立起初步的社交技巧和互惠的能力。学龄前儿童也会出现正常的攻击性行为（例如争夺玩具），父母要教导他们如何以非暴力的方式解决冲突。学龄前的儿童首先是在游戏中学习如何与人相处，然后才在现实生活中学习如何与人相处。

6~12 岁的儿童

学龄期的孩子是卖力工作的一个群体。不管是在课堂上或下了课，他们都努力发展他们的技能；也不管是骑自行车、做算术、"盖堡垒"，他们都需要从中获取胜任感。和学龄前的儿童相比，学龄期的儿童更负责，对父母的依赖较少，更可以自己做决定。父母可以借由鼓励他们的学业和给予支

持,达到协助他们的效果。父母也可以提供机会,让孩子能顺利参加各种活动或团体,例如学习计算机或参加夏令营。父母的期望必须合理,例如,可以期望孩子做出他最好的表现,而不是成为最顶尖的人物。学龄期的孩子透过各种学习成就,发展出健全的自尊感。从这之中,他们得到为未来目标奋斗的力量和自信。

13～19岁的青少年

青少年有他们艰难的任务要完成,就是发展自我认同的能力。他们必须思考"我是谁""我要往何处去""我要如何达到我的人生目标"这些问题。为了做到这一点,他们需要很多支持,包括父母和朋友的支持。朋友提供支持性的团体,青少年可以从中学习社会技巧、分担问题、验证自己的想法,并加强自我认同。父母提供给青少年明确的沟通技巧、关怀,以及健康向上的家庭价值观。例如,父母应该对偷窃、说谎、喝酒、吸毒等现象表达不赞成的态度。青少年需要大量的自由空间,以便探索成人的世界,但他们同时也需要被管束。在完成作业和门禁时间这两点上,父母应该设定合理的限制。青少年就跟其他年龄层的孩子一样,需要关爱,也需要约束,这样才能帮助他们成长为自信、负责和独立自主的个体。

第九章

不良沟通害处多

强迫,会事与愿违

现代社会,好多家庭都是独生子女,这些孩子相当一部分都存在某种程度的叛逆,有一定的"逆反"心理。他们有较强的独立意识,不太乐意接受父母亲或者长辈的教诲,而倾向于接受同学或朋友的建议。因为,孩子们出于一个平等的地位,他们之间互相比较了解,都能感受到彼此的困境;而家长让孩子做事情或接受意见都是采用强加的方式,用长远的眼光看这种方式是不合适的。

能否成功教育孩子,怎样消除与孩子的沟通问题,顺利与孩子横向交流是最为关键的。用孩子的心态去接近他们,成为孩子所信赖的朋友,让他们一有什么心事或烦恼,就会想到向家长倾诉。彼此之间有了很多的共同语言以后,孩子对于接受家长的意见也就相对容易多了。

每一个父母都望子成龙、望女成凤,在儿女的智力投资上从不吝啬。他们聘家教教孩子写字、认字,甚至弹钢琴。有的孩子生性好静,坐得住,拿支铅笔给他乱画,他也十分高兴。

直树就是这样一个好孩子。他独自一个人拿一支铅笔一张纸坐在小桌子前可以画上很长一段时间,不吵不哭,一个三四岁的孩子跟一个小大人一样。念小学以后,他一直在儿童美术班学画,画得非常好。像这样从小对画画有兴趣、喜欢画画的孩子到底不是很多。

现实中,有更多的孩子是被父母强迫的,孩子们画画、写字、弹琴,而且还硬性规定每天必须画几小时、写几个小时的字或弹几个小时的琴。4~8岁的孩子正是对外界所有的事物都感到好奇、最好玩的时候。身为家长你现在要把他关在屋子里,固定在书桌旁、钢琴前,孩子要是受得了才怪呢。而且还是一两个钟头。于是有的就只得逃跑。父母发现后,一顿训斥是少不了要挨的;同时还得老老实实地又坐回去:"你再跑,小心我揍你!"

倘若孩子对学习和其他事物都没有兴趣和要求，而父母只是管束、训斥和强迫的话，那样孩子是学不好的。而且久而久之，孩子还会对画画、写字、弹琴反感、厌恶，甚至以消极的行为对抗父母。这种情况有很多的家长都曾碰到过，父母一定要我学画，那我就乱画……父母一来检查：画的画是圆圈圈，字写得东倒西歪……

甚至，还发生了一些悲剧。一个小学生，父母要他学钢琴。每天下午放学，就一定要先练一个小时钢琴，接着做功课。星期天本是休息的时间，而这个孩子却得忙活一上午，到老师家里学钢琴——孩子对弹琴毫无兴趣可言。他看见钢琴就厌恶，他几次想把钢琴毁掉，几次反抗："我不弹，我不要学。你打死我，我也弹不好。"然而父母却不顾孩子的兴趣与反抗，非要孩子学："已经学了两年了，花了这么多钱了。你应该争气，把琴学好！今后每天不弹熟练习曲，就不许出去玩！"孩子心里很委屈，为了不再学钢琴，一天放学回家，他用石头将自己的一根手指砸了。

兴趣是最好的老师。艺术家应该在孩子还小的时候就开始培养，儿童的智力也需要从幼儿时开始启发，同时应该先从培养儿童的兴趣着手。而兴趣又是因人而异的，父母强制性地压在孩子的身上，反而起不到好效果。

正确的方法是：在孩子还小的时候，做父母的可以鼓励孩子学习和接触不同的事物——画画、写字、弹琴、跳舞、武术，等等。启发孩子的兴趣，让他们自己产生学习的愿望。只有当孩子们自愿开始学习的时候，他们才能把坐在桌前画画、写字、弹琴当成乐事。他们的学习也才会有进步。反之，没有自觉要求，即便是能够强迫一个时期，也不可能持久坚持下去。这是因为

第九章　不良沟通害处多

一个人不论做任何事情和学习什么东西,只有当他将自己全部的精力都投入到那件事情上时,才能做好或学好。

雅琪的一个同事为了培养儿子画画,已经有好长时间的礼拜天都没有休息过,更不用说寒暑假了。因为只要一到礼拜天、寒暑假,她就要陪儿子到少年美术班去上课。在她的监督和半强迫下,儿子勉强画了两三年,当然也取得了一些小小的成绩,还得过奖,受到过外国朋友的称赞。然而,当那个孩子上了中学后,母亲不可能随时控制住他时,他就将画笔完全丢弃了。

做父母的要正确地行使父母的权力,强迫子女做他们不愿做的事,即便是好事,父母的要求是正确的,也要耐心地去引导,而不是强迫和蛮干。对于孩子来说,榜样的力量是非常大的,要让孩子在自己的父母身上看到榜样的力量。有的家长要孩子努力地学习以增长知识,然而自己却是既不读书也不看报,整夜迷恋于麻将、扑克,每天都搞得乌烟瘴气的,连孩子晚上做作业的空间都没有;有的家长要求孩子养成一个良好的习惯,可自己却整天酗酒;有的家长要求孩子说话文明,可自己却满口脏话,父母不管是好的榜样或坏的榜样都会在孩子心目中产生一定的影响。

其实,身为家长,对孩子的学习、生活当然是要有所关心与指导,但要在尊重与理解的基础上进行,而不能武断地把成人的主观意志单方面地、强制性地加在孩子身上:一方面强迫孩子做他根本不愿做的事情,另一方面强迫他这也不能做,那也不能做,这样孩子当然不能够心悦诚服了。父母最好是做孩子的朋友,对他有足够的理解和尊重,这样才能赢得孩子的充分信任,进而让孩子主动向你敞开心扉,回馈给父母同样的理解与尊重。

不要盲目责怪孩子

在美国,有一家人,他们是虔诚的伊斯兰教徒,他们一向是在星期日上午9点做弥撒,然后共进早餐。一天,16岁的儿子宣布他要晚起。父母本可

以把这解释为典型的青少年对家庭和宗教的叛逆行为,可是他们并没有这样做,而是心平气和地把原因问清楚,原来孩子为办校报前一天忙到很晚。于是家人把做礼拜的时间改为中午 11 点。身为父母,不要盲目责怪孩子,有时,看起来"叛逆行动"很不对,但也许根本不是你想的那样。

对于刚上中学的青少年来说,接受过情绪管理教育与未接受情绪管理教育的孩子相比,有非常明显的不同,他们对于同学之间的竞争、课业的压力及其他不良诱惑较能够游刃有余地应付。

当孩子犯了错误的时候,身为父母,不要仅仅是打骂,而是要对他讲一些浅显易懂的道理,让他明白他这样做会造成什么样的后果。很多家庭都会发生小孩子偷钱的现象,一般情况下,父母采取的办法都是或惩罚,或斥责,或藏钱,然而这些都不能最终解决问题,过后又重犯,令父母头疼不已。

东美津子的孩子 5 岁时也常偷家里的钱,但有一次,无意间的一件事,她巧妙地引用一个故事,彻底让他将偷钱的毛病改掉了。

东美津子对钱向来都是粗心大意,总爱东放西搁,很容易被儿子拿到,每次东美津子都只能像打游击一样把钱包东藏一下西藏一下,可是"道高一尺,魔高一丈",总是被儿子找到。

东美津子气得骂过他好几回,但最终黔驴技穷,儿子故伎重演,实在是让东美津子伤脑筋。有一次,东美津子模模糊糊感觉好像少了 1 万日元,东美津子感到很生气,就质问儿子是否拿了她的钱,儿子矢口否认,东美津子却一口咬定是他偷了,并大发雷霆将儿子骂了一顿。只见他委屈得一边掉

泪一边极力申辩："我没有拿！"后来证实，儿子确实没拿钱，是自己记错了。过后，东美津子将儿子搂在怀里，向他道歉说：

"这次你是真的没拿钱，是妈妈不对，冤枉你了，妈妈诚心向你道歉，好吗？"

"嗯。"

"但是，我们来认真想一下好吗？你想想，我为什么一少了钱就会认为是你拿的，而不认为是爸爸或别人拿的呢？"

"因为我以前拿过你好几次钱。"他诚实地回答。

东美津子趁机讲出一番道理："是呀，因为你以前总拿我的钱，因此，只要我的钱一少，自然就会想到是你拿的。你还记得《狼来了》的故事吗？"

"记得，放羊娃老说谎，后来没人相信他，都不来救他。"

"是啊，这说明什么道理呢？"

东美津子接着说："这就说明，一个人反复做一件不好的事，人们就会产生一种印象，以后，就算是他不做那件事了，别人也会认为还是他做了那件事。放羊娃总说谎骗人，大家的脑子里就形成了这样一个印象：狼根本就没有来，他又在说谎。那么，狼真的来了，大家还是一样不相信。同样，倘若一个人常常拿钱，就会给别人造成一个印象：钱是他拿的。因此，即便他以后不拿钱，别人还是会认为是他拿的。你说这样多倒霉、多委屈呀，或许会有好长时间都洗不清这个罪名，受委屈的滋味不好受吧？"

儿子听后点点头，眼泪又在眼眶里打转了。东美津子忍住心疼，接着说到："我是你的妈妈，你解释说不是你拿的，我相信这次不是你拿的，可是，等你长大了走入社会，遇到类似的事，由于别人不了解你，因此别人就不一定相信你了。被人误解、不被人相信是多么难受的事呀！"

"是的，妈妈，刚才我也好气呢！"儿子激动地说。

"以后只要改正了，你就是让人相信、被人信任的好孩子！"东美津子对儿子竖起大拇指。孩子一头扑在东津美子的怀里，难为情地笑了。

通过巧妙地用故事开导，使孩子知道了信任的重要性和偷钱的坏处。此后，儿子再也没拿过家里的钱了。现在他已上小学了，东美津子一下班，能够放心地把钱袋随意放，而儿子，要用钱时就向妈妈开口要，说明理由，

而且懂得尽量少向父母开口要钱。

有时候没有零钱,给他整钱,他也会把找回的钱一分不少地交还给妈妈。母子间建立了非常好的信任关系。

还有这样一个故事:幸村的妻子因车祸去世了,他独自一人抚养一个7岁的男孩儿。每当孩子和朋友们玩耍受伤回来,他对妻子过世留下的缺憾,便感受特别的深,心里便揪痛。

一次,公司派他出差,因为要赶火车,没时间陪孩子吃早餐,他便急急忙忙地离开了家门。一路上担心着孩子有没有吃饭,会不会哭,心老是放不下。就是抵达了出差地点,也不时打电话回家。可孩子总是很懂事地要他不要担心。

可是由于心里牵挂不安,草草处理完事情,便踏上归途,回到家时孩子已经熟睡了,他这才松了一口气。旅途上的疲惫,让他感到浑身没有一点儿力气。正准备就寝时,突然大吃一惊:棉被下面,居然放着一碗被打翻的泡面!

"这孩子!"幸村在盛怒之下,朝熟睡中的儿子的屁股一阵狠打。

"为什么这么不乖,惹爸爸生气?你这样调皮,把棉被弄脏,要谁洗?"这是妻子过世之后,他第一次打孩子。

"我没有……"孩子哭着说,"我没有调皮,这……这是给爸爸吃的晚餐。"

原来孩子为了配合爸爸回家的时间,特地泡了两碗泡面,一碗自己吃,另一碗给爸爸。但是因为怕爸爸那碗面凉掉,因此就把它放进了棉被底下保温。

幸村听后,感动得说不出一句话来。他紧紧地抱住孩子,看着碗里已经泡好的泡面,激动地说:"孩子,这是世上最……最美味的泡面啊!"

有时候,可能看起来孩子做错一些事情了,可是实际情况并不是这样,责怪孩子之前,不妨先问清楚。而且,父母首先要反省自己的言行和教育方法是否正确。

第九章 不良沟通害处多

吼叫让事情更糟

一位家长参加了一次学校的家长会,一位老师向到会的家长们讲述了一件发生在这个老师身上的事情:

一天早晨,我组织同学们上早自习。科代表已把作业留好了,我只是管纪律,防止那些调皮鬼捣乱。开始,同学们都还挺安静,可没过一会儿就乱了套,说的说,笑的笑,有的竟唱起了歌。我生气地巡视课堂,发现说得最起劲的还是童虎。就走过去,大叫道:"你别说了行不行?"

他吐了吐舌头,笑着说:"不谦虚,不说了。"

可我一转身,他又开始了他的"演讲"。望着这混乱的局面,我只是无可奈何地叹了口气。总不能这样任其乱下去呀?我猛然想起了"杀一儆百"。对!我虽不能"杀"他,但一定要"儆"。于是我怒气冲冲地走过去,喝道:"童虎!你站起来!"

他却好像没听见似的,没吭声,可也没动。

我又加大了嗓门:"你站起来!"他见我急了,只好慢悠悠地站了起来。

这时,一个尖声尖气的声音传入我的耳朵:"吃黄河水长大的——管得倒宽。"我扭头一看,气得火冒三丈,说话的原来是童虎的"好"组长富江。他不紧不慢地说:"你那样训人,我们不服气。"

看到他傲慢的样子,想到他身为组长,不但不管童虎,反而替他说话,我气恼得像狮子,严声命令:"富江!你也站起来!"

富江脸朝屋顶,不理不睬。我忍无可忍地举起了教鞭,给了他一下子。这一下他也火了,跳上课桌,拉开了决一雌雄的架势。

课堂上顿时安静了下来,四十多双眼睛一齐投向我俩。恰在这时,另一位老师来了,才算解了围。

晚上回到家,我把这件事告诉给了我的丈夫,丈夫注视了半天后,讲了一个故事:

有一个小孩子,不知道回声是什么东西。有一次,他独自站在山冈上,大声叫道:"喂!喂!"

附近小山立即反射出回声:"喂!喂!"他又叫"你是谁?"回声传来:"你是谁?"他又尖声大叫:"你是蠢材!"立刻又从山上传来"蠢材"的回声。

孩子十分愤怒,向小山骂起来,然而,小山仍旧毫不客气地回敬他。

孩子回家后对母亲诉说,母亲对他说:

"孩子呀,那是你做得不对。如果你恭恭敬敬地对它说话,它就会和和气气地对待你。"

孩子说:"我明天再去那里说些好话,听听它的回声。"

"应该的。"他的母亲说,"在生活里,不论男女老幼,你对他好,他便对你好。正如以前有一个非常聪明的人所说的那样:'温柔的答话会消除愤怒。'如果我们自己粗鲁,是绝不会得到人家友善相待的。"

我知道这个故事,但是从来没有过这么深的体会。在第二天早自习时,我主动承担了责任,还给童虎和富江同学道了歉。还说请求大家协助富江做好班里的工作,一起把班集体搞好。同学们听后都报以热烈的掌声,鼓得最带劲的要算富江和童虎了。

从此,在我的班上,再也没有听到过喧闹声了。

这个家长听了这个故事很受启发,因为他也像这个老师曾经对待她的学生一样,对待他的孩子。结果效果也不怎么好,孩子也不怎么听他的。

其实，作为家长，应该心平气和地纠正他们的错误，而不是冲他们大吼大叫。在很多的情况下，放声吼叫起不到什么很好的效果，相反轻声细语的嘱咐往往能得到意想不到的结果。

父母在大声吼叫的时候，往往展示的是一种尊严、威严，有一种居高临下的味道，没有顾及到孩子的自尊心，更没有和孩子处于平等的地位，进行一种心的交流。而轻声细语地批评、嘱咐的时候，更多的是把孩子的利益放在了受尊重的位置上，保护了孩子的自尊心。父亲的心与孩子的心处于一种平等交流的位置上，当然孩子容易从内心深处受到触动，随之而产生的，是对父亲由衷的爱。

美国的家长们在批评孩子时喜欢轻声细语，这样往往能收到很好的效果。

在一个大型商场的玩具架前，有一个小男孩高兴地举起一支卡宾枪，并示意他的父母买下这支枪，还使劲地喊道："我要！我要！"这时他的母亲赶紧走过去，用左手食指放在嘴唇上嘘了一声，示意小男孩轻声点。然后她弯下腰轻轻地对小男孩耳语了几句。小男孩默默地放下枪，又向前跑去。

有一个小男孩抢了一个小女孩的电动车，女孩要男孩归还，可男孩就是不给，这时女孩子哭了起来。男孩的母亲看见后，微笑着走了过来，轻轻地对男孩说："你过来一下。"小男孩不太情愿地跟了过去，这位母亲脸上始终带着微笑轻声地跟男孩交谈。开始小男孩还反驳，一会儿母亲在小男孩耳边又讲了几句，小男孩就不做声了。过了一会儿，小男孩低着头，拿着小车走到小女孩面前，把车还给了小女孩，并认真地讲了一声"对不起"，说完了，向女孩欠欠身，然后挺胸抬头像个男子汉似的走回到他母亲的身边。

家长通过耳语、弯下身子说话以及把小孩找到一个僻静处悄悄说话，这都体现了家长对孩子的一种尊重，一种保护。

现在的孩子，承受着巨大的心理压力，诸如分数、升学及家长强加于孩子的各种"厚望"。为了这些而感到活得很累的孩子已经不少了，作为父母，难道你们还愿意去酿成更多的悲剧吗？

想起一位父亲对他的儿子说的一句让无数人动容的话："即使全天下的人都看不起我的孩子，我依然会饱含热泪地拥抱他，鼓励他。"既称之为

孩子,就是因为他们还稚嫩,还弱小,即使成人在遇到失败时,都渴望别人的呵护,更何况孩子呢?愿所有的家长理解你的孩子,多对他们说鼓励的话,不要说让孩子伤心的话,不要对孩子经常唠叨、使用大嗓门,更不可打骂他们。只要家长能真正体察孩子的心声和需求,平等地对待他们,他们是一定会进步的。

难得的是,如今很多家长改掉了大声训斥的习惯,采用了一种轻声细语的批评方法:其实这才是一种既科学又艺术的批评方式,理所当然孩子容易被感动,也体现出家长举止的高雅。

溺爱孩子没道理

有一个孩子,家庭生活条件优越,祖辈和父母众星捧月,可谓集"万千宠爱于一身",可谓十足的小霸王,在学校却表现得十分懦弱,连手指被同学的板凳压住,都不敢出声,一个在家张牙舞爪的龙,出门在外却变成了一条胆小的虫。

有一位母亲,平时对儿子关心得无微不至,可儿子对她却非常冷漠。一天,这位妈妈过生日,她的朋友往家里打电话。恰巧她不在家,儿子接的电话,朋友告诉孩子:"今天是你妈妈的生日。"儿子冷冷地说:"我妈过生日关我屁事!"后来这位母亲知道了,当时她的心都伤透了,每次儿子过生日,她给他买这买那,他怎么能那么说?

有一位下岗女工,虽然家里比较紧张,可知道孩子喜欢吃虾,便咬咬牙从菜市场买来虾,做好后端上桌,看着孩子津津有味地吃着,自己舍不得动一筷子。眼看孩子已吃完饭,妈妈忍不住想去尝一下剩下的虾。可没想到,她10岁的孩子却说:"别动,那是我的!"

还有一位母亲,虽然家境比较富裕,但见女儿花钱大手大脚,就对女儿说:"你不用着急花钱,爸爸和妈妈这些钱,以后还不都是你的?"谁知女儿

第九章 不良沟通害处多

183

听后把眼睛瞪得圆圆的，厉声对妈妈说："我告诉你，从明天开始，你要省着花钱，这些钱都是我的了！"

有一位母亲，丈夫在攻读学位，为了更好地照顾儿子，她放弃了自己原本不错的工作，整天在家相夫教子。丈夫毕业后，功成名就有了钱，抛弃了妻子，还带走了儿子。儿子成了大款的儿子，上了贵族学校。妈妈想儿子，特意买了一件新衣服，到学校去看儿子，儿子嫌母亲穿得太"土"给他丢脸，告诉同学这是他的"老乡"。后来，竟提出了一个无情的要求：让母亲做他的"地下妈妈"，否则就不认她这个妈！母亲哭诉无门，痛不欲生。

是孩子生下来就不会爱别人吗？不，那么"爱丢失症"的根源在哪里呢？是父母的"极度关爱"、"过分溺爱"、"无限纵容"滋长了孩子的自私，使孩子心中只有自己，没有别人。正如专家所说："深度的爱比极大的恨对个性造就的扭曲更大，因为前者很难被溺爱的对象反抗，而这恰恰是独生子女家庭的普遍特点。"

现实生活中，这样的事情总是无处不在。有些父母总是跟在孩子后面，遇事总是代劳，不让孩子独立活动，不给孩子尝试挫折、克服困难的机会。许多父母把孩子当成小皇帝，孩子把父母当奴隶，父母认为这是对孩子的爱。父母的爱是孩子成长的营养，但如果爱之过度就会变为溺爱，具体表现就是娇生惯养，有人把这称之为"保护过度"。

看到过这样的新闻报道：某市举行亲子风筝大赛，很多家长带着孩子去参加，活动要求孩子自己动手做，家长可以协助孩子完成手工制作。可是在比赛的过程中，基本上是家长们在做，而孩子们反而成了协助者甚至旁

观者。

还有家长替上幼儿园的孩子做"作业",也是一个比较普遍的现象。早晨,家长陆续送孩子入园,同时也送来了老师前几天布置给孩子的"作业",这些所谓的作业,一般都是些让孩子自己动手动脑的小任务。大多数孩子的"作业"都做得非常好。比如让孩子们做一张脸谱,交上来的脸谱不仅用色恰当,而且涂色均匀,做得很好看。但是问题就在这里,仔细看看就会知道,这些"作业"并不是孩子自己做的,而是家长帮忙或者代替孩子做的。

在过度保护的环境中成长起来的孩子,独立生活能力差,感情脆弱,依赖性强,遇到困难和挫折时就退缩,不会自主地解决问题。因此,父母对孩子要爱之有度,让孩子受一些挫折的考验,这样才能使孩子立足社会,能更好地独立生活。

望子成龙、望女成凤是每个家长的心愿。自己虽然辛苦了一辈子,但是为了子女能有一个美好的前途,哪怕只有一线希望,自己苦点、累点都无所谓,为了他们就是砸锅卖铁父母也心甘情愿。而对于这些从小就在蜜罐里成长起来的孩子来说,早已习惯了衣来伸手、饭来张口的养尊处优生活,根本体会不到生活的艰辛。尤其现在又是独生子女一统天下的时代,他们更是被宠爱有加。三对家长守着一个宝贝,更让这些温室里成长的孩子把享受生活看成是天经地义的事情。他们不但根本没有机会吃苦,而且更不想去吃苦。因此,这些孩子之间从不比个人能力高低,而是比谁的父母的权利高,谁的生活水平好。

这种溺爱子女的做法就好比在温室里培育幼苗。它外表虽然长得很鲜艳,但是经不起外界风霜雪雨的考验。它只要一离开温室,就会很容易被外界的狂风暴雨摧残得奄奄一息。所以,对于这些衣食无忧的孩子来说,我们的家长应多给他们提供一些在温室外活动的机会,通过这些力所能及的活动,来培养他们独立自主的适应外界生活的能力。尤其在孩子上学期间,不要溺爱孩子。不要因为孩子在学校吃的饭一般,就隔三差五地大包小包地往学校带好吃的东西。他们想吃什么,就往学校送什么,这样做对他们的成长是不利的。要知道,小鸡不啄开蛋壳是长不大的,小鸟不离开鸟巢是学不会飞翔的,狐狸不离开母亲的怀抱是过不了独立生活的。因此,孩子不离开

温室适应独立的生活，是经不起风霜雨雪的考验的。

事实证明，家长对孩子的溺爱与棍棒教育的后果是一样的，这也充分说明了溺爱孩子和虐待孩子的后果是等同的，都是对孩子的不尊重，都是对孩子权利的剥夺。棍棒教育伤害孩子的途径是从肉体到心灵，而溺爱伤害的途径是从心灵到肉体。正如卢梭所说："你知道用什么方法能使孩子成为不幸的人吗？那就是对他百依百顺。"

第十章

如何与青春期的孩子沟通

了解青春期孩子的特点

青少年时期大体上相当于中学时期。11岁到15岁是少年期,相当于初中阶段,15岁到18岁是青年期,相当于高中阶段。随着年龄的增长,他们由于生理的发育、成熟,必然引起心理上的变化。

青春期的孩子就像被时代打上了烙印一样,所以,作为父母,我们不仅要正确认识孩子的青春期,明白这种时代的烙印是孩子走向成熟的标志,还要知道在这种时代烙印的背景之下,青春期孩子的一些特点。

一、独立性增强

随着青春期孩子自我意识的形成,他们的独立性急剧增强,他们不再被动地听从父母的教诲和安排,表现出"顺从"和"听话"。而是渴望用自己的眼睛看世界,用自己的标准衡量是非曲直,做自己命运的主人。这种从被动到主动,从依赖到独立的转变,对于青少年来说是成长的必由之路。

二、情绪两极化

青春期孩子情感浓烈、热情奔放,情绪的两极性表现得十分突出。他们既会为一时的成功而激动不已,也会为小小的失意而抑郁消沉。他们情绪多变,经常出现莫名的烦恼、焦虑。

三、心理向成熟过渡

青春期是长大成人的开始。是由不成熟向成熟的过渡,这一过程对他们来说是漫长而痛苦的。此时,他们既非大人,又非孩子,原来的孩童世界

已被打破,但新的成人世界又尚未建立。因此,他们的内心充满了矛盾和冲突。比如,生理成熟提前和心理成熟滞后的矛盾;独立意识增强与实际能力偏低的矛盾;渴望他人理解,但又心理闭锁的矛盾;以及理想与现实、爱好与学业、感情与理智、自尊和自卑的冲突与矛盾,等等。

四、行为易冲动

美国和加拿大学者的最新研究指出:人的大脑中有一个重要的控制中心,负责控制感情和冲动,要到成年早期才能完全成熟。换句话说,在青春期青少年的大脑中,控制神经尚未发育成熟,这是他们行为易冲动的原因。

这些特点在孩子身上的具体表现是:

1.孤独感强烈

进入青春期的孩子大都有这样一种体验:觉得自己是大人了,于是总想一夜之间成熟起来。父母的关心不再像过去那样暖融融打动心扉,反而觉得唠叨刺耳;老师呢,在心中似乎也失去了往日的素质;就连平时挺要好的同学,现在也不是那么亲密无间、无话不谈了,自己一肚子的心事,不知道该和谁谈。难怪有些进入第二次心理断乳期的孩子总要感叹:"没人理解我!""我好孤独!"

2.自我封闭

许多父母都会遇到这样的事情:孩子长到一定的年龄之后,往往就会把自己封闭起来,不轻易向外界展露心扉,原本开朗的性格也逐渐变得孤僻了,对父母的态度显得十分冷淡。这是孩子从不成熟走向成熟过程的正常心理反应,心理学上称之为"青春期自我封闭心理"。这种心理反应,若任其发展下去,很容易造成孩子的缺陷人格。孩子在不断成长,由于独立性的

发展，他们不再像小时候那样有什么话都和父母讲，不肯轻易向父母袒露真情，往往把心里话藏在心中。表现为少言寡语，父母问起什么，三言两语就说完，十分不耐烦。他们往往通过写日记的形式倾吐自己真实的感情，并把日记本放在加了锁的抽屉里。如果父母不了解孩子"闭锁性"的心理特点，缺少与孩子的交流与沟通，或不讲究方式方法，不仅两代人会疏远，而且会产生"情感危机"和对抗性行为。

3. 脾气暴躁

处于青春期的青少年的中枢神经系统处于高速生长阶段，经常会表现出缺乏耐性、脾气暴躁，甚至会对父母有侵犯性的言行。

美国脑神经科学家们对11岁左右的青少年（青春期的开始年龄）进行的实验证明，这一时期的孩子在感知、情绪等方面做出的错误判断最多，大约7年之后，也就是基本完成生理发育的时候，他们才能比较准确地判断感情。科学家们让接受实验的青少年识辨一组肖像，然后让他们说出肖像的表情：是生气、是幸福，还是中立的无表情？然后将青少年辨的结果与年轻的成年人的判断对照。他们发现，青少年的判断与成年人大不相同。

科学家说，11岁左右的青少年，正处于大脑前额叶皮层（在前额骨后）发育的阶段，大量的神经连接正处于"改造"之中，而大脑前额叶皮层对感情、道德等情绪有影响，并负责产生行动的神经冲动。大脑的其他部分，在这一年龄之前就基本发育完毕，前额叶皮层是大脑最后发育的部分，发育过程伴随整个青春期。这就导致了青春期的青少年有感情判断失常、举止暴躁等表现，如果他们顺利度过这一阶段，那么就会一切恢复正常了。

4. 爱与父母"作对"

许多父母都有这样的体会，当孩子十三四岁时，总和父母对着干，你让他往东，他偏往西，能持续2~3年。这种"作对"在有的孩子身上表现明显，常把父母气哭，把父亲气得浑身发抖，而在有的孩子身上表现较弱，但一般父母都能感觉到这种"作对"。精神分析理论学家把这段青少年时期称为"逆反期"。

不对青春期抱有成见

由于青春期的孩子在这一特殊时期有着特殊的性格特点,对于他们,父母要保持一颗平常心。心理学家指出,不要一看到青少年有独立意识的迹象就去压制,担心现在哪怕做出一点让步就意味着会出现越轨的行为。父母的反应越激烈,青少年就越坚持己见。倘若父母使用更强硬的手段加以压制的话,那么一场大规模的冲突将是不可避免的了。

21世纪是一个要求更高、竞争更激烈的世纪。它带给父母及孩子的不仅仅是机遇,更多的还是挑战。无论你清楚与否,在培养孩子的过程中,在方法或态度上,即使你有稍微一点点对你来说是轻而易举的改变,都可能决定孩子终生的成功与幸福。

可是,在现实生活中,有许多父母总喜欢在人前说教自己的孩子,以为是为孩子好;或者不回避孩子在场就谈论他们的缺点,以为孩子年龄小,对大人说的话听不懂。殊不知这些言语中隐藏了多少对孩子的伤害,无意中,父母就将孩子的自尊心、自信心、上进心等伤害了,对孩子的心理、学习造成负面影响,而自己却一点儿也没有察觉到。

下面的这种情况就很常见。两个父亲正在谈论孩子,一个羡慕地说:"你儿子才上中学一年级成绩就这么的优秀,真不简单。"另一个谦虚地说:"不行啊,差远了,语文才考98分,数学也才97分,别人都拿双百呢。"中国父母受东方传统观念的影响非常深,总爱表示一下自己的谦虚,要不然怕别人说成骄傲自满,以为很了不起。所以当自己的孩子被别人夸奖的时候,尽管内心十分高兴,但表面上也要虚伪地表示一下谦虚。

然而孩子却是单纯的,对于成人世界里的"谦虚"他们并不清楚,很容易把这种"谦虚",理解成父母对自己成绩的不满意,认为父母对自己有很高的期望值,这样做的结果往往给孩子造成一些不必要的学习压力,觉得不管自己有多么的勤奋父母都不满意,那么在以后的学习中,或许就会因达不到父母的高标准而丧失学习的信心和兴趣。

除了这些,有些父母固守"谦虚使人进步,骄傲使人落后"的古训,以为表扬了孩子,他就会骄傲自满,不再像以前那样努力了。殊不知,对于那些年龄不大的孩子来说,有了点滴成绩,赞美和肯定是他们最渴求得到的,有了赞美才有更浓的兴趣以及更高的学习积极性。

对于大人的言语和评价,孩子是特别敏感和在意的,孩子的心灵是很脆弱的,经不起一次次的斥责和失意。对于孩子的这些心理,有很多家长都不知道。因此,孩子在场,不要谈孩子的缺点,不要比孩子的弱势,更不要对孩子有成见,否则,一个失去了自尊心、自信心的孩子将预示他将来在很多方面都不能够成为一个成功者。

还有一些父母总认为自己对孩子的看法十分正确,对孩子的所作所为都是了如指掌。家里的什么东西坏了,一定是小家伙干的;隔壁的阿姨来敲门,肯定是孩子在外面做错事了……这种家长认为的"真知灼见",实际上是亲子沟通的最大"杀手"。

一位父亲在儿子3岁的时候,就逼他弹琴,而且对于自己的教子经验非常得意:"我规定他每天必须干什么,不准干什么,不依,我就狠揍!""棍棒下面出孝子"的教育方法一直影响着现在的父母。突然有一次,父亲偶然看见了儿子作的一幅画:一只乖巧的小羊在弹琴,一只大灰狼张牙舞爪地

站在琴旁,说:"你得一直弹我爱听的曲子,否则,我就把你吃掉。"父亲这时才猛然醒悟过来,儿子是在抗议啊!如果父与子之间的关系变成狼与羊那样的关系,那么羊还能说自己最尊敬的是狼吗?

由于父母已经先入为主,对孩子存有成见,以致用粗暴和专制的方式对待孩子,这在孩子身上留下的阴影将永远无法磨灭。如果这种情况达不到改善,孩子真的有可能向着你所期望的反方向发展。所以,身为父母,要想使孩子得到更好的发展,就不要对孩子抱有成见和盲目责怪孩子。

当然,其实教育孩子并没有什么必然的模式,最主要的是多理解孩子,遇到事情多进行换位思考,不要用有色眼镜看待孩子,孩子都是好孩子。父母应使孩子快乐的成长,愉快地度过每一天。不要对孩子抱有成见,摘掉你的有色眼镜。

父母言行要得当

良好的沟通,是孩子健康成长的必要条件。要做到良好的沟通,就不能让孩子对父母反感,并保持密切的亲子关系。

日本发行量最大的报纸《读卖新闻》上,专家为怎样相处才能密切亲子关系开出新方。他们认为父母应该从以下几个方面做起:

多从孩子的角度考虑问题,尽可能地让孩子明白父母始终是关心和接纳他们的。

除了学业成绩外,每个孩子还可以在许多方面发挥潜能和拓宽发展的领域。

由于一个问题有多种解决方案,因此,不要执拗于一种答案而与孩子发生冲突。

父母要不断地提高自己的情商、智商,自我开发各种潜能。放下面子,去倾听各方面的教育经验。

多采用游戏、音乐、活动的方式培养亲子关系。

要密切亲子关系,在父母与孩子之间要相互信任。为此,父母要培养孩子的自信心;要正确对待孩子的缺点,帮助孩子改正错误;为孩子提供施展才能的机会;切忌伤害孩子的自尊心、自信心,等等。

父母要设法让孩子觉得那样做是很自然的,其诀窍就是让家里时时刻刻都有一种"聆听的气氛"。这样,孩子一旦遇上重要事情,就会来找父母商谈。要达到这个目的,其中一个好方法就是经常抽空陪伴孩子。如利用共聚晚餐的机会,留心和孩子沟通,让孩子觉得自己受重视。

父母用"平行交谈"的方式跟青春期的孩子谈话,往往能引起热烈回应。美国《用心去教养孩子》一书的作者罗恩·塔菲尔提出的"平行交谈",其意思是父母与孩子一面一起做些普通活动,一面交谈,重点放在活动上,而不是谈话的内容,双方也不必互相看着对方。这种非面对面的谈话方式会让父母和孩子都感到轻松自在。父母与孩子的谈话内容,最好是多谈一些如何学会求知识,学会做事,学会共处,学会做人等。在交谈中,还要注意从事情到关系、从事情到感情、从一般到特殊等原则,从而使孩子与父母之间什么话都交谈。

由于父母提出的意见,即使是好意见,青少年大都不喜欢听。因此,父母应做孩子的顾问、盟友,而不要做经理人。顾问只细心聆听,协助抉择,而不插手干预,仅建议改弦更张。心理学家伊丽莎白·艾利斯说:"父母应该协助孩子仔细检讨整个事件。青少年往往能自行想到叫人拍案叫绝的解决方法。"

有些专家建议,父母把不想直接向孩子说出或不中听的话写下来。家庭关系顾问迈克尔·波普金说:"一般人都认为白纸黑字更加可信,而且可

以一看再看。""把话定下来,话的分量也会增加。"

父母提问过多,很难使孩子讲心里话。麦可·列拉说:"青少年通常不会把很多有关自己的事告诉父母,如果你的孩子也是这样,你应该把孩子告诉你的任何事情都视为礼物,加以珍视。"

在同一个时候,孩子可能对父母又爱又恨。对父母、老师和所有对孩子有权威的人,孩子的感情往往是双重的。但父母对孩子感情的二重性通常是很难接受的。其实,在人类的现实生活中,处处都存在着辩证观念。哪里有爱就必有恨;哪里有羡慕就有嫉妒;哪里有热诚也会有敌视;哪里有成功就有担忧。所有这些感情都是合理的:正面的、反面的、矛盾的。因此,父母应该学会接受孩子身上存在的双重感情。父母对孩子所表露的双重感情就用不着担忧或内疚。人类都有感情,感情是孩子天性的一部分。美国心理学家金诺特说:"感情教育能帮助孩子了解他们的感情是什么。对一个孩子来说,了解他自己的感情比了解他为什么有这种感情更为重要。当他清楚地知道自己的感情时,他内心就不会再感到一切都混乱了。"

父母可以给孩子提供一面感情的镜子,以帮助孩子了解他的感情。一个孩子要知道他内在的感情就要听父母对他感情的反映。通过感情的镜子,能够给孩子提供一种自发的修整和改变的机会。

青少年有不稳定的情绪,所以教育的方法也要随具体的情况而变化。父母要辩证地看待这个教育过程,不时要界定与孩子间的关系,坦率而富有成效地沟通,才能有良好的教育效果。

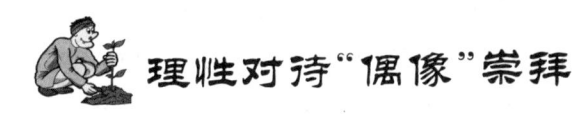

理性对待"偶像"崇拜

15岁的美纱品学兼优,喜欢滨崎步,也着迷于"Super Junior"。在她的家里,她和妈妈无话不谈,甚至把同学的情书读给妈妈听。她的日记就放在桌上,爸爸妈妈随时可以看,美纱说:"要不我就白写了!"

母亲妃英理女士说："和女儿在心理世界对话真好。"在她看来，女儿喜欢"Super Junior"很自然。她说："孩子喜欢一个人、一件事肯定有她喜欢的道理，父母要试着从孩子的角度想这个道理，鼓励她把自己的想法说出来，引导她往好的方面发展。"

近年来，青少年的偶像崇拜问题，是一个普遍的社会热门话题。偶像崇拜通常是青少年社会化的一个重要历程。将他人或团体当作崇拜的对象，期望自己也能羽化成为对方，或将对方视为学习的目标，以享有对方的尊荣，借以获得心理上的满足与慰藉，同时减少挫折带来的痛苦。因而，偶像崇拜是青少年在社会生活所需的态度和行为的一个重要历程。

在互动多元而复杂的现代社会里，信息传播便捷，外来文化冲击大，青少年得以去模仿与学习所崇拜的对象，借以满足心理方面各项需求。青少年和友伴在一起，较容易获得接纳、赞美与认同，情感可以自由宣泄而不必有所顾忌。因此，对有特殊表现的青少年，经传播媒体的披载报导后，容易成为其他青少年竞相崇拜或模仿的对象。

偶像崇拜功过参半，偶像崇拜对青少年的成长有正向积极的功能，也有负面消极的影响。处于人生蜕变期的青少年，身心急速发展的结果造成适应上的困难和情绪上的失衡，此时若能有良好的楷模作为认同或效法的对象，有助于成长与发展。过度或盲目崇拜偶像的结果，除了使青少年过于理想化，逃避现实或一味追逐潮流而失去自我的成长，使青少年产生严重的认知失调，使得理想与实际无法相互结合在一起，造成眼高手低、好高骛远、过度幻想的现象。

帮助孩子树立健全的自我概念。父母应走入孩子的内心世界，了解孩

子的兴趣和需求,协助孩子认识自己,培养健全的自我概念,增进自我选择与自律的能力,才不至于因丧失自信心而盲目崇拜,失去自我意识。

早稻田大学心理学教授内田康夫认为,偶像崇拜是处于青春期孩子普遍存在的现象,只不过不同的孩子崇拜程度不同,不同时代崇拜对象不同。这个时期的孩子属第二断乳期,追求表面,追求至善至美,通过寻找偶像寄托自己的成人理想。

对于偶像崇拜的问题,父母不要一味批评孩子,不要激化矛盾,应学会告诉孩子,明星的成长历程也有努力,有辛酸,要看到他们鲜花掌声后面踏实的努力,不要让孩子存有不劳而获的想法。引导孩子根据自己的实际确定合适的偶像目标,不要想入非非。平时有意引导孩子多向思维。

正面性的英雄崇拜,父母应协助孩子寻求适宜的偶像,例如,有杰出表现的例证或义行,随机为孩子解说或提供作为研究讨论的题材,让孩子从英雄崇拜中产生正面的效益。

涤除负面效应,发展积极自我。孩子容易因过于理想化的崇拜偶像,忘记自己的存在,一味地逃避现实。父母应尽速辅导孩子体认自身的责任,以健康的心态寻求合适的认同对象,才有助于成长与发展。

对于青少年偶像崇拜现象,教育专家、心理学家、学者普遍认为这是一种自然、普遍、正常的成长现象。人生是一个不断模仿、学习与创新的历程。孩子在成长的过程中,心智尚未成熟,可塑性强,容易受到外在因素的影响而改变。面对复杂多变且竞争激烈的现代社会,需要家长的引导与友伴的激励才能健康成长。偶像崇拜的正面引导,有助于良好行为的塑造,了解它、接受它并应用它,才是积极之道。